20 RÈGLES POUR ÉLEVER DES ENFANTS DANS UN MONDE DE HAUTE TECHNOLOGIE

Le Livre de Jeu des Parents Technophiles: 20 Règles Courtes et Stimulantes pour Mettre Fin aux

Conflits de Temps d'Écran et Favoriser l'Indépendance

Madeline Armstrong

Gardez ces règles précieusement. Elles vous appartiennent maintenant.

PRÉFACE

Je sais pourquoi vous avez pris ce livre. Vous en avez assez des batailles. Des tables à dîner silencieuses. De l'inquiétude constante concernant ce qu'ils voient et absorbent quand vous ne regardez pas. Peut-être vous sentez-vous comme le vilain chaque soir, à faire respecter sans fin des règles que personne ne semble respecter. Je me suis senti de cette façon aussi.

Soyons clairs : vous ne ratez pas. Nous élevons des enfants dans un monde qui évolue plus rapidement que nous ne pouvons le suivre, un paysage numérique et social que nous comprenons à peine nous-mêmes. Les règles traditionnelles de parentalité - celles basées sur la stabilité et des frontières prévisibles - ne s'appliquent plus. Le texte a été jeté. Nous construisons l'avion tout en le volant.

Ce n'est pas une longue leçon sur les dangers d'Internet. Nous en avons fini avec la peur. Nous en avons fini avec la culpabilité. Cette énergie est perdue. Nous dépassons le diagnostic et allons directement au remède.

Ce livre est un manuel. Il est délibérément court. Il est actionnable. Il offre vingt règles simples et définitives conçues pour restaurer le centre de gravité dans votre maison. Ces règles fonctionnent car elles clarifient les attentes pour tout le monde. Elles rendent aux enfants leur indépendance en leur fournissant des limites claires sur lesquelles ils peuvent compter. De manière cruciale, elles vous rendent votre autorité, vous permettant de parentier avec confiance au lieu d'épuisement.

C'est le bouton de réinitialisation que vous attendiez. Revenons à la tranquillité.

TABLE DES MATIÈRES

INTRODUCTION

LA VÉRITÉ CHOC - LE RÉEL ENNEMIE N'EST PAS LES PRÉDATEURS OU LE HARCÈLEMENT - C'EST CETTE UNE ADDICTION SOURNOISE QUI VOLE L'AVENIR DE VOTRE ENFANT

Soyons honnêtes sur la promesse de la technologie. Cela devait rendre la parentalité plus facile. Cela devait rationaliser nos vies, gérer nos emplois du temps, et garder nos enfants en sécurité et occupés. Ce ne fut pas le cas. Au lieu de cela, cela a ajouté une couche de complexité à nos foyers qui semble parfois impossible, nous piégeant dans des cycles de négociation, de culpabilité et de frustration.

Nous dépensons toute notre énergie à nous préoccuper des menaces immédiates et à fort enjeux : prédateurs en ligne, cyberharcèlement, exposition à du contenu explicite. Ce sont des dangers réels, certainement. Mais le véritable ennemi dans votre maison est bien plus sournois. Le véritable ennemi est l'érosion de l'attention. C'est la perte tranquille et continue de la curiosité du monde réel. C'est la dépendance insidieuse que la technologie favorise, volant lentement la capacité de votre enfant à se concentrer, à créer, et simplement à s'ennuyer.

Ce livre repose sur une idée fondamentale, et c'est la seule idée qui compte : La technologie est un outil, pas un mode de vie. Nous n'élevons pas des consommateurs passifs ; nous sommes ici pour former des pilotes, pas des passagers. Notre objectif est d'équiper nos enfants pour naviguer dans le paysage numérique complexe avec intention, concentration et indépendance.

Pour atteindre cet objectif, nous avons besoin de limites claires qui fonctionnent réellement pour nos vies modernes. Vous ne trouverez ici aucun interdit extrême, à la Luddite. Et vous ne trouverez pas non plus de compromis soft et permissifs. Nous avançons fermement dans la voie de l'autorité sans extrêmes.

Ces 20 règles constituent le cadre complet pour une vie familiale plus calme et plus indépendante. Elles sont courtes. Elles sont puissantes. Elles sont conçues pour être soulignées, affichées sur le réfrigérateur, et partagées avec votre coparent. Arrêtons de discuter sans fin sur le temps d'écran et commençons à enseigner des compétences essentielles pour la vie. Êtes-vous prêt à reprendre le contrôle de la télécommande - et, plus important encore, de la conversation ?

CHAPTER ONE

LA NOUVELLE BASE (RÈGLES 1-2) - LA "RÉINITIALISATION D'AUTORITÉ" À 2 RÈGLES QUI MET FIN INSTANTANÉMENT AUX NÉGOCIATIONS DE TEMPS D'ÉCRAN ET GARANTIT LE CONTRÔLE DU PARENT

Si vous lisez ceci, vous avez probablement l'impression d'être l'arbitre numérique dans votre propre maison. Chaque limite est une bataille. Chaque restriction mène à une négociation. Vous en avez assez d'entendre les pleurnicheries de "Encore cinq minutes" ou le défi de "C'est mon téléphone !"

La raison pour laquelle ces disputes persistent est simple : la structure d'autorité s'est effondrée.

Avant d'introduire des règles concernant les limites de temps, les filtres de contenu, ou les réseaux sociaux, nous devons aborder le problème de fond. Nous devons effectuer une Réinitialisation d'Autorité immédiate et irréversible.

Ce n'est pas une démocratie. Ce n'est pas une négociation. En ce qui concerne l'accès numérique, il n'y a qu'un seul Propriétaire Numérique, et c'est vous. La technologie est un outil puissant, peut-être l'outil le plus puissant actuellement autorisé dans votre maison. Vous ne remettez pas une tronçonneuse à un enfant de cinq ans. Vous ne devriez pas remettre un appareil sans une clarté absolue sur la propriété et l'objectif.

Les 20 règles de ce manuel ne fonctionnent que si elles reposent sur les fondations de ces deux premiers chapitres. Elles sont conçues pour être déployées instantanément, mettant fin à l'argument dès qu'il commence.

Les Règles 1 et 2 définissent la Nouvelle Base. Cette nouvelle base clarifie deux choses parfaitement pour votre enfant :

1. Vous êtes l'unique autorité sur tout accès technologique.

2. La technologie est un privilège, gagné par la responsabilité et utilisé pour la croissance productive, jamais simplement comme un remplissage de temps par défaut.

Une fois que ces deux principes sont compris - non seulement intellectuellement, mais profondément ancrés dans la culture familiale - l'atmosphère change. La clarté remplace le chaos. Les disputes se réduisent à une simple conformité. Vos enfants peuvent ne pas aimer les règles, mais ils les comprendront et les respecteront.

Ça commence maintenant. Nous reprenons le contrôle du paysage numérique dans votre maison. Ces deux règles garantissent cela.

POURQUOI UNE PARENTALITÉ BASÉE SUR LA PEUR GARANTIT QUE VOTRE ENFANT MENTIRA SUR SON UTILISATION DE L'ÉCRAN (ET COMMENT L'ÉVITER)

C'est la réalisation la plus critique que vous pouvez avoir en ce moment.

Nous agissons avec peur. Nous nous inquiétons des prédateurs. Nous nous inquiétons de l'addiction. Nous nous inquiétons de leurs notes qui chutent. Cette inquiétude est tout à fait justifiée. Mais quand nous bâtissons nos règles sur un lieu de panique, nous garantissons l'échec.

Les règles basées sur la peur sont dures. Elles sont imprévisibles. Elles dépendent de combien vous êtes fatigué ou stressé ce jour-là. Elles sonnent souvent comme des menaces : "Si je te prends sur cette application encore une fois, je confisque ton téléphone pendant un mois."

Voici le problème. Si la punition est extrême, votre enfant a un choix logique lorsqu'il fait une erreur : mentir.

Mentir est simplement un mécanisme de défense contre des conséquences catastrophiques. S'ils savent qu'admettre 15 minutes supplémentaires de TikTok signifie perdre leur ligne sociale pendant une semaine, ils le cacheront. Ils supprimeront l'historique. Ils trouveront une faille. Ils deviendront meilleurs en tromperie numérique que nous ne le sommes à surveiller.

Le résultat est une érosion de la confiance. Nous avons besoin qu'ils nous fassent confiance lorsque la véritable crise se produit. Nous avons besoin qu'ils nous signalent quand ils voient quelque chose de troublant ou quand un ami partage du contenu inapproprié. Si notre relation est construite sur de l'espionnage numérique et un contrôle punitif, ils se tairont quand ils auront le plus besoin de nous.

Ce livre concerne la clarté, pas le chaos.

La clarté signifie que les règles sont stables. Elles ne changent pas selon votre humeur. Elles sont les mêmes le lundi qu'elles le sont le vendredi. Elles sont clairement communiquées et appliquées de manière cohérente. Lorsque les conséquences sont raisonnables et prévisibles, la nécessité de mentir disparaît.

Nous voulons un environnement où l'honnêteté est inconvenante, mais mentir est impensable. Nous obtenons cela non pas en éliminant les conséquences, mais en construisant une structure si solide et fiable qu'ils ne peuvent pas confondre les limites avec une colère arbitraire. Ils connaissent la limite. S'ils la franchissent, ils perdent temporairement l'outil. Ils ne perdent pas la confiance de leurs parents de manière permanente.

Ce changement - de la peur et du chaos vers une structure claire et cohérente - est la première étape vers la reconquête de votre autorité. Nous devons cesser d'être le surveillant et commencer à être le propriétaire.

RÈGLE 1 : LA LIGNE UNIQUE QUI RETIRE TOUT POUVOIR DE L'APPAREIL ET VOUS RESTAURE EN TANT QUE PROPRIÉTAIRE NUMÉRIQUE

La lutte pour le pouvoir sur la technologie ne débute que rarement par le contenu. Elle commence par la propriété. Lorsqu'un enfant croit posséder le téléphone, la tablette ou la console de jeux, il se sent immédiatement en droit à la vie privée, au refus et à la négociation. Ils deviennent le PDG de leur vie numérique, et vous devenez le représentant du service client mécontent.

C'est l'erreur fondamentale qui doit être corrigée immédiatement, peu importe l'âge de l'enfant ou qui a payé pour l'appareil. Si l'appareil existe dans votre maison, sur votre Wi-Fi, et est régi par vos règles, la propriété vous appartient.

La ligne unique qui retire tout pouvoir de l'appareil et restaure votre autorité est la suivante :

"Tous les appareils numériques dans cette maison sont la propriété des parents et sont prêtés aux enfants pour leur usage temporaire et conditionnel."

Ce n'est pas sévère ; c'est une réalité structurelle. Vous n'êtes pas seulement un parent ; vous êtes le propriétaire numérique. Lorsqu'un propriétaire prête un appartement à un locataire, le locataire doit respecter le bail. Le propriétaire a le droit d'inspecter, de fixer des paramètres (pas d'activité illégale, couvre-feu de bruit), et de résilier le bail si les conditions sont violées.

Vos enfants sont des locataires numériques.

Cette règle signifie que trois choses deviennent immédiatement non négociables :

1. Accès total : Vous possédez tous les mots de passe, noms d'utilisateur, et contrôles de temps d'écran. Il n'existe pas de "mon dossier privé" ou "mon mot de passe secret". Si vous ne pouvez pas accéder à l'appareil immédiatement, le prêt est annulé.

2. Pas de négociation sur les termes : Vous fixez les paramètres d'utilisation, y compris quand cela commence, quand cela s'arrête, et quelles plateformes sont autorisées. Ce sont vos règles pour votre propriété.

3. Le privilège est révocable : L'appareil n'est pas un droit ; c'est un privilège temporaire qui peut être révoqué immédiatement, sans préavis, et sans défense ou négociation longue.

Cette règle transforme l'argument. Au lieu de discuter de la raison pour laquelle vous envahissez leur vie privée, vous déclarez clairement : "Je reprends la propriété familiale car les conditions du prêt n'ont pas été respectées." L'argument cesse d'être personnel et devient transactionnel. Vous n'êtes plus le méchant qui empiète sur leurs droits ; vous êtes le propriétaire qui réclame sa propriété. C'est la première étape essentielle pour réaffirmer votre autorité calme. Le téléphone vous appartient. N'oubliez jamais cela.

RÈGLE 2 : COMMENT ARRÊTER D'UTILISER L'ÉCRAN COMME UNE BABY-SITTER À 5 $/HEURE ET LE FAIRE VOUS REMBOURSER EN ÉDUCATION ET CRÉATIVITÉ

L'ÉCRAN EST LA BABY-SITTER LA MOINS CHÈRE QUE VOUS PUISSIEZ ENgager.

Il ne demande rien en retour. Il rend la maison silencieuse instantanément. Il vous permet de cuisiner le dîner sans interruption. Cette commodité vous coûte 5 $ de l'heure en potentiel perdu. Nous devons mettre fin à cet échange immédiat.

La règle 2 stipule : La technologie doit servir un but défini. Ce but doit être la création, l'éducation, ou le développement de compétences démontrables. Si cela n'enseigne pas à votre enfant une compétence, cela forme probablement leur addiction.

Nous établissons un standard élevé. Nous exigeons que la technologie paie un loyer dans votre maison.

Lorsque vous remettez un appareil, vous devez complètement changer votre cadre mental. Ce n'est pas d'abord du divertissement. C'est une puissante utilité. Posez-vous cette question essentielle : Que fait cet appareil pour mon enfant en ce moment ? Le met-il au défi de construire ? Le connecte-t-il à une nouvelle compétence ? Favorise-t-il une pensée active ?

C'est la ligne de démarcation entre le consommateur et le créateur.

La consommation passive épuise la batterie de l'attention. Elle laisse l'enfant se sentir vide. Elle remplace la véritable curiosité par de simples coups de dopamine. L'utilisation passive est toujours l'ennemi. La création active construit une véritable résilience. Elle récompense un effort authentique. Elle exige une concentration soutenue.

Refusez de vous contenter du tarif de baby-sitting à 5 $/heure.

Si votre enfant passe deux heures devant un écran, il doit avoir deux heures de production mesurable. Cela pourrait être terminer une leçon de codage. Cela pourrait être concevoir une présentation historique. Cela pourrait être monter un court-métrage. Cela doit avoir un résultat défini.

Si la réponse à "Qu'est-ce que tu apprends ?" est "Rien, je regarde juste", alors l'appareil doit disparaître. Le but n'est pas atteint.

Cette règle élimine la culpabilité parentale. Vous ne leur privez pas de plaisir. Vous insistez sur une valeur durable. Vous formez un futur créateur. Vous choisissez de ne pas élever un consommateur passif. La technologie doit être gagnée par un but. Faites-lui travailler pour vous. Faites-la vous rembourser.

POURQUOI LA COHÉRENCE EST LE 'SAUCE SECRÈTE' DE L'AUTORITÉ QUI APAISE LA MAISON EN 7 JOURS (MÊME SI VOUS VOUS SENTEZ COMME LE MÉCHANT MAINTENANT)

Vous avez mis en œuvre les étapes les plus cruciales. Vous êtes le propriétaire numérique. Les appareils sont des outils à gagner. Vous avez réussi à changer toute la dynamique familiale en théorie. Maintenant vient l'exécution. C'est là que la plupart des parents échouent.

Ils établissent d'excellentes règles, mais les appliquent comme une porte tournante.

Les enfants ont besoin de limites. Ils testent les limites uniquement parce qu'ils ont besoin de trouver les bords de leur zone de sécurité. Si la frontière bouge chaque jour—si hier ils ont gagné la tablette, mais aujourd'hui vous êtes trop fatigué pour faire respecter l'obtention—ils doivent la tester chaque jour. C'est épuisant pour tous ceux qui sont impliqués.

Vous vous retrouvez dans un cercle de négociation et de culpabilité. Vous cédez parce que vous êtes trop fatigué pour vous battre. Ensuite, vous vous sentez coupable d'avoir laissé s'installer le laxisme.

La cohérence est le moteur silencieux de l'autorité. C'est la sauce secrète qui élimine le besoin de disputes quotidiennes sur le temps d'écran. Elle stoppe les combats avant même qu'ils ne commencent.

Quand une règle est 100 % cohérente, l'enfant ne négocie pas. Il sait que la structure est permanente. Quand une règle est 70 % cohérente, l'enfant négocie 100 % du temps, espérant trouver cette échappatoire de 30 %. Il vous teste pour trouver la limite.

Vous pourriez vous sentir comme le méchant pendant les sept premiers jours. Vous changez une habitude, et les tests seront bruyants. Ces tests sont la dernière rébellion contre le vieux chaos. Tenez bon. Votre voix peut trembler, mais la règle doit être inébranlable.

Après cette première semaine, un étrange calme descend. La maison s'apaise. Ils réalisent que la structure est permanente et prévisible. L'énergie mentale précédemment dépensée à discuter des écrans est libérée.

La cohérence n'est pas cruelle. La cohérence est certitude. La certitude est sécurité. Et la sécurité, dans le langage d'un enfant, est amour.

Vous montrez que vous vous souciez non pas en leur achetant le dernier appareil, mais en construisant un contenant fiable et inébranlable pour leur vie. Lorsque le cadre est solide, ils cessent de secouer les murs. Ils commencent enfin à vivre à l'intérieur.

CHAPTER TWO

ÉTABLIR LES BASES (RÈGLES 3-6) : LES 4 RÈGLES DE CONNEXION QUI CRÉENT UN BOUCLIER INVISIBLE CONTRE LES DOMMAGES NUMÉRIQUES (VALEUR : 1 997 $)

Le chapitre 1 vous a donné les clés. Vous êtes le propriétaire numérique. Vous avez l'autorité.

Mais l'autorité sans connexion n'est qu'une froide tyrannie. Elle crée une conformité motivée par la peur. Et la conformité basée sur la peur mène à se cacher et à mentir dès qu'ils sont assez grands pour trouver une solution de contournement.

Nous ne voulons pas de peur. Nous voulons de la confiance.

La plus grande menace pour votre enfant n'est pas un prédateur externe. La plus grande menace est un vide interne—un manque de connexion, de curiosité et de régulation émotionnelle que la technologie s'empresse constamment de combler.

La protection la plus efficace contre les dommages numériques n'est pas une application de surveillance parentale coûteuse. C'est le bouclier invisible de la certitude absolue de votre enfant qu'il peut venir à vous, peu importe ce qu'il a vu ou quelle erreur il a faite.

Cette certitude, ce lien, est la valeur de 1 997 $ que nous construisons en ce moment.

Ce chapitre passe des règles concernant l'écran aux règles concernant la relation. Nous nous concentrons sur la présence physique. Sur le fait d'être disponible. Sur le fait de modéliser le comportement que nous voulons voir.

Lorsque la connexion est élevée, les inévitables disputes technologiques s'estompent.

Lorsque la connexion est élevée, votre enfant fait confiance à votre jugement.

Lorsque la connexion est élevée, il vous dit la vérité.

Ces quatre règles suivantes sont conçues pour renforcer cette connexion en utilisant des habitudes quotidiennes et petites. Ce sont les pratiques qui transforment la culture de votre foyer du chaos numérique à un calme relationnel. Elles nécessitent de la cohérence, mais le retour sur investissement – un enfant sécurisé et confiant – n'a pas de prix.

Commencez par lever les yeux.

RÈGLE 3 : L'HABITUDE DE 7 SECONDES QUE LES PARENTS DOIVENT MAÎTRISER EN PREMIER – SINON TOUT LE RESTE DANS CE LIVRE ÉCHOUE

Nous parlons beaucoup de leurs appareils. Nous nous inquiétons constamment de leur temps d'écran total. Nous obsédons sur les paramètres d'application parfaits.

Soyons brutalement honnêtes. Le plus grand obstacle de tout ce manuel est l'appareil dans votre main.

Vous ne pouvez pas leur demander de lever les yeux si vous regardez perpétuellement vers le bas. Votre utilisation du téléphone est leur programme scolaire. Votre concentration est leur plafond.

Ceci est la Règle 3. C'est celle que vous devez maîtriser en premier. Si vous échouez ici, chaque autre limite que vous établissez semblera creuse.

L'habitude de 7 secondes est un engagement physique et immédiat.

Elle stipule : Lorsque votre enfant s'approche de vous, interrompt votre travail ou pose une question, vous arrêtez ce que vous faites. Instantanément.

Vous posez votre téléphone. Vous retournez l'écran face vers le bas sur la table. Vous arrêtez de vérifier la notification. Vous vous tournez physiquement vers eux.

Reconnaissez-les immédiatement. Établissez un contact visuel solide. Donnez-leur sept secondes pleines d'attention indéfectible. C'est un micro-moment de validation massive.

Les sept secondes comptent plus que la limite d'une heure que vous fixerez plus tard.

Pourquoi ? Parce que lorsqu'ils vous interrompent, ils posent une question centrale et non dite : "Suis-je plus important que la plaque de plastique que vous tenez ?"

Votre réaction est la réponse.

Si vous soupirez, si vous attendez la fin d'un message texte, si vous levez un doigt en lisant, vous avez répondu "Non".

Vous avez confirmé que le monde numérique est plus captivant que la réalité d'eux se tenant juste là. Ils apprennent cette leçon rapidement. Ils cessent d'interrompre. Ils cessent de rechercher la connexion.

C'est à ce moment que nous les perdons à leurs propres évasions numériques.

Les enfants n'ont pas besoin de règles parfaites de temps d'écran de notre part. Ils ont besoin que nous soyons présents. Ils ont besoin que nous soyons engagés. Ils ont besoin de savoir qu'ils comptent plus que l'email.

La Règle 3 prouve votre engagement. Elle prouve que vous valorisez la connexion au-dessus de la consommation.

Soyez le modèle de conscience que vous exigez d'eux. Posez votre téléphone en premier. Agissez avec votre pleine présence. Le succès de chaque règle qui suit en dépend.

RÈGLE 4 : LA MICRO-CULTURE OBLIGATOIRE DE 30 MINUTES QUI RECONSTRUIT LA CONNEXION FAMILIALE PLUS RAPIDEMENT QUE TOUTE SÉANCE DE THÉRAPIE

Vous ne pouvez pas construire l'intimité en planifiant une séance de connexion d'une heure une fois par semaine. Vous la construisez à travers les rituels banals et répétitifs de la vie quotidienne.

La Règle 4 exige la création d'une période de trente minutes d'attention non négociable et sacrée chaque jour. Pour 99 % des familles, ce moment est le dîner.

Le Non-Négociable 30 est simple : Pendant trente minutes, chaque personne dans le ménage doit être physiquement présente à la table, et absolument chaque appareil numérique doit être rangé dans une zone de stockage désignée et éloignée. Cela inclut la télévision, les tablettes et – de manière critique – les téléphones des parents.

Pourquoi cette micro-culture de trente minutes est-elle si puissante ?

C'est la vaccination quotidienne contre la fragmentation numérique.

Dans un monde conçu pour voler l'attention, vous forcez une présence radicale. Vous apprenez à vos enfants à regarder les autres dans les yeux, à gérer les silences de conversation et à pratiquer l'art d'écouter sans la promesse d'une notification immédiate.

Il ne s'agit pas de manger des repas coûteux. Il s'agit de créer une atmosphère. La table à manger doit être transformée d'une station de ravitaillement en un hub de communication quotidien de la famille. C'est l'endroit où des petits détails non sollicités émergent. C'est le seul moment où l'unité familiale fonctionne comme une boucle fermée.

Lorsque cette règle est appliquée de manière cohérente, quelque chose de miraculeux se produit : L'enfant réalise que l'adulte lui accorde de l'attention, et non à l'appareil caché dans sa poche. Ils réalisent que leur voix est la chose la plus captivante dans la pièce.

Ce rituel prouve, par l'action, la hiérarchie de valeur dans votre foyer : La connexion passe d'abord. La nourriture arrive en second. Les écrans ne comptent même pas.

Les parents doivent mener cette charge. Si vous vérifiez votre montre ou jetez un coup d'œil à un message texte entrant pendant le Non-Négociable 30, vous venez de déchirer les fondations de la règle. Vous leur avez appris que quoi qu'il se passe sur l'écran, c'est finalement plus important que l'enfant assis en face de vous.

Rangez les appareils. Réglez une minuterie. Pendant trente minutes, soyez la culture. Soyez le calme. Soyez l'attention. Cette petite fenêtre de temps est plus régénératrice pour le lien familial que tout ce qu'un thérapeute peut accomplir lors d'une séance hebdomadaire de cinquante minutes. C'est la cohérence du rituel quotidien qui reconfigure le système familial.

RÈGLE 5 : POURQUOI VOUS DEVEZ LAISSER VOTRE ENFANT RESSENTIR L'ANGOISSE DE L'ENNUI POUR DÉBLOQUER LEUR MOTEUR DE CRÉATIVITÉ DE 10 000 $/AN

Écoutez lorsqu'ils se plaignent. "Je m'ennuie" n'est pas une urgence parentale. C'est une opportunité. C'est l'angoisse nécessaire. Vous devez permettre à ce vide d'exister.

La Règle 5 est simple : Ne vous précipitez pas pour combler le vide.

Le monde numérique offre une échappatoire immédiate. Il promet une stimulation instantanée. Il offre du bruit, de la couleur et des récompenses constantes. Lorsque vous permettez à votre enfant de saisir un écran au moment où le silence se fait, vous leur enseignez la dépendance. Vous leur enseignez que l'inconfort doit être immédiatement neutralisé.

C'est une crise d'initiation.

Le cerveau a besoin de temps au calme. Il a besoin d'espace vide. Il a besoin de sérénité pour commencer à chercher des solutions internes. Lorsqu'ils s'ennuient, ils doivent regarder autour d'eux. Ils doivent créer un jeu. Ils doivent construire une forteresse. Ils doivent imaginer un monde.

C'est là que le moteur de créativité de 10 000 $/an démarre.

La créativité est un processus de résolution de problèmes guidé par le manque. Si tous leurs besoins sont instantanément satisfaits par un appareil, ils n'apprennent jamais à résoudre le plus grand problème : Que devrais-je faire en ce moment ?

Nous élevons des innovateurs. Nous ne sommes pas en train d'élever des consommateurs.

Lorsque vous entendez le gémissement, résistez à l'envie parentale de le réparer. Ne suggérez pas une corvée. Ne suggérez pas une activité spécifique. Souriez simplement et dites : "Je suis sûr que tu vas trouver." Puis éloignez-vous.

Laissez-les lutter avec le silence. Laissez l'angoisse de l'ennui forcer leur main. Laissez-les ressentir la nécessité d'inventer leur propre joie. Ce processus construit la résilience. Il construit l'indépendance. Il les rend capables de rester seuls sans distraction.

Votre travail n'est pas de les divertir. Votre travail est de les équiper pour s'occuper d'eux-mêmes toute leur vie. La première étape est de leur permettre d'être misérablement, merveilleusement ennuyés.

RÈGLE 6 : COMMENT FORMULER LES RÈGLES POUR QUE VOS ENFANTS ENTENDENT "SOIN" AU LIEU DE "CONTRÔLE" - LE COMMUTATEUR LINGUISTIQUE SECRET

LES RÈGLES RESSEMBLENT À UNE PUNITION.

"Vous n'êtes pas autorisé à utiliser la Xbox parce que vous avez joué trop longtemps hier." Cela ressemble à une conséquence d'échec. Cela ressemble à du contrôle. Cela engendre du ressentiment.

Nous devons changer le langage. Nous devons changer l'intention.

Les limites ne sont pas une cellule de prison. Les limites sont la structure d'un foyer. Ce sont les murs qui protègent les personnes à l'intérieur.

La Règle 6 concerne le commutateur linguistique secret : encadrer chaque limite comme une preuve de votre protection bienveillante.

Lorsque vous dites à votre enfant qu'il ne peut pas avoir son téléphone dans sa chambre, vous ne dites pas : "Je ne te fais pas confiance." Vous dites : "Je te fais confiance pour grandir en bonne santé, et protéger ton sommeil est ma priorité en tant que parent. Il ne s'agit pas d'être méchant. Il s'agit d'être le PDG de ta santé."

Lorsqu'ils se plaignent, votre réponse doit être ferme et simple : "Ces règles existent parce que je me soucie de ta concentration, de ton avenir et de ton bonheur. Quand tu auras 30 ans, tu me remercieras d'avoir protégé ton esprit quand tu avais 12 ans. Je fais le travail pour lequel j'ai été engagé."

Si vous présentez une règle comme simplement punitive, ils la combattront. Si vous présentez une règle comme un soin structurel essentiel, ils peuvent encore se rebeller, mais ils sauront au fond d'eux-mêmes qu'elle vient d'un lieu d'amour. Ils entendront : Mes parents font attention.

Les enfants ont besoin de structure car la structure signifie sécurité.

La clarté est une bienveillance. La cohérence est de l'amour.

Le moment où vous leur faites comprendre que la frontière n'existe pas pour ruiner leur plaisir, mais pour protéger leur attention et leur santé physique bien plus précieuses, la dynamique change. Vous n'êtes pas un gardien. Vous êtes un protecteur.

Les protecteurs construisent des clôtures de soin. Les gardiens construisent des murs de contrôle. Parlez toujours depuis la position du protecteur.

CHAPTER THREE

CONFLIT ET CONTRÔLE (RÈGLES 7-9) : LES 3 "SCRIPTS DE CEINTURE NOIRE" QUI GÈRENT LES PANNES TECHNOLOGIQUES SANS HAUSSER LA VOIX NI COMPROMETTRE L'AUTORITÉ

Fixer des limites est facile sur le papier. Appliquer ces limites lorsqu'un enfant crie que vous ruinez sa vie ? Voilà le véritable travail.

C'est à ce moment-là que la plupart des plans de limites technologiques échouent. Les parents craquent sous la pression. Ils négocient le calendrier. Ils haussent la voix et perdent immédiatement leur crédibilité. Ils se laissent entraîner dans une guerre émotionnelle qu'ils ne peuvent jamais gagner.

Nous avons besoin d'un meilleur plan. Nous avons besoin de précision tactique.

Ce chapitre vous arme de scripts et de techniques de régulation émotionnelle conçues pour neutraliser le conflit instantanément. Ce sont vos mouvements de contrôle "Ceinture Noire". Ils sont silencieux. Ils sont précis. Ils sont dévastateurs d'efficacité pour maintenir l'autorité sans nuire à votre relation ou compromettre la règle.

Si vous avez déjà établi les Règles 1 et 2 (Contrôle Parental et Accès Mérité), ces trois prochaines règles fournissent le mécanisme d'application cohérent. Elles vous transforment d'argueur en administrateur.

Souvenez-vous de cette vérité fondamentale : Les grandes émotions de votre enfant ne nécessitent pas vos grandes émotions.

La clé pour maîtriser ces règles est la cohérence. La cohérence est le langage du contrôle. Elle signale à votre enfant que cette règle est immuable, comme la gravité ou le lever du soleil. Elle n'est pas sujette à débat. Lorsque la règle est cohérente, l'argument finit par disparaître.

RÈGLE 7 : LE COMMANDEMENT "UNE FOIS ET BASTA" : COMMENT SE RÉPÉTER DÉTRUIT VOTRE CRÉDIBILITÉ (ET LE MOT UNIQUE QUI VOUS EMPÊCHE DE NÉGOCIER)

La manière la plus rapide de perdre de l'autorité est de se répéter.

Vous entraînez votre enfant à vous ignorer.

Pensez-y. Lorsque vous dites : "Range le téléphone", et qu'il continue à jouer, que faites-vous généralement ? Vous le dites à nouveau. Plus fort cette fois. Vous attendez. Vous soupirez. Vous le dites une troisième fois, en ajoutant une menace : "Si tu ne le ranges pas tout de suite, tu ne l'auras pas pendant une semaine !"

L'enfant apprend une leçon dangereuse. Il apprend que les deux premières demandes n'étaient que du bruit. Il apprend que le véritable commandement n'arrive que sous la colère ou une menace. Il a réussi à négocier un délai. Il vous a forcé à intensifier.

Nous mettons fin à ce cycle maintenant. Voilà la Règle 7 : Le Commandement Une fois et Basta.

Lorsque vous émettez une limite, dites-le une seule fois. Utilisez la voix la plus calme que vous ayez. Assurez-vous que l'instruction est claire et actionnable. Pas "Débranche ça." Plutôt : "Le jeu se termine dans cinq minutes. Apporte la tablette au plan de travail de la cuisine."

C'est l'intégralité du script. Vous ne répétez pas l'instruction.

Quand les cinq minutes sont écoulées, vous allez vers l'enfant. S'il joue encore, vous ne criez pas. Vous ne réexpliquez pas la règle. Vous initiez la conséquence immédiatement et sans animosité.

Sa réponse inévitable sera la négociation. "Juste une minute de plus !" "Mais je gagne !" "Pourquoi es-tu méchant ?"

C'est votre test. Ne engagez pas l'argument. Vous n'êtes pas un partenaire de débat. Vous êtes le propriétaire numérique.

Utilisez le mot unique qui met fin à toutes les négociations : Confirmé.

Enfant : "Mais je gagne !"

Parent : "Confirmé." (Allez doucement prendre la tablette.)

Enfant : "Ce n'est pas juste !"

Parent : "Confirmé." (Allez à la station de chargement et placez la tablette là.)

Le mot Confirmé est neutre. Il reconnait que vous les avez entendus, mais il signale que la décision est finale. Vous n'avez pas à défendre ou à justifier la limite. La limite a été fixée. La conséquence est l'action.

Le changement de pouvoir est immédiat. Lorsqu'un enfant sait que votre première demande est la véritable demande, il cesse de tester les limites. Il réalise que le seul chemin vers un accès continu à l'écran est la conformité immédiate.

Arrêtez de vous répéter. Commencez à faire respecter le seul commandement. L'autorité ne concerne pas le volume. Elle concerne la cohérence et le suivi.

RÈGLE 8 : LE DANGER CACHÉ D'UTILISER LES ÉCRANS COMME UN 'PACIFIER ÉMOTIONNEL' (ET LE SIMPLE PROCESSUS EN 5 ÉTAPES POUR ENSEIGNER L'INTELLIGENCE ÉMOTIONNELLE À LA PLACE)

C'est peut-être la règle la plus difficile à appliquer car elle attaque une habitude que les parents développent souvent par désespoir : utiliser l'écran comme une méthode rapide et efficace pour faire taire une crise, éliminer les plaintes, ou arrêter une attaque de panique.

Le soulagement immédiat est enivrant. Au moment où vous remettez le téléphone à un enfant qui pleure ou à un adolescent stressé, la maison devient silencieuse. Le problème, c'est que ce silence momentané a un coût catastrophique à long terme : vous enseignez à votre enfant que lorsque la vie est difficile, la réponse est l'évasion et l'engourdissement via la technologie.

Vous créez une dépendance psychologique.

Lorsqu'un enfant utilise un écran pour éviter sa colère, sa tristesse ou son stress, il apprend une équation insidieuse :

Ressentir une Grande Émotion = Distraction Numérique Immédiate.

Cela empêche le développement des outils internes nécessaires à la régulation de soi. S'ils ne s'assoient jamais avec leur inconfort, ils n'apprennent jamais à le réguler. Au moment où ils sont adolescents, ils n'ont plus la capacité interne de gérer le rejet, l'ennui ou la pression académique sans se tourner immédiatement vers leur téléphone. L'écran devient leur pacificateur émotionnel, leur mécanisme de coping le plus prisé.

La règle est simple et non négociable : NE PAS utiliser l'appareil pour apaiser, distraire ou faire taire une détresse émotionnelle réelle (colère, tristesse, anxiété).

Le Simple Processus en 5 Étapes Pour Enseigner l'Intelligence Émotionnelle

Lorsqu'une crise se produit—qu'il s'agisse d'un enfant de cinq ans criant à cause d'un jouet cassé ou d'un adolescent pleurant à propos d'un message texte—votre priorité n'est pas de régler le problème ou de fournir une évasion numérique. Votre priorité est de les accompagner à travers ce sentiment.

Cela nécessite que vous restiez calme. Votre travail est d'être le phare, pas la tempête. Utilisez ce processus en 5 étapes immédiatement :

Étape 1 : Sécuriser la Connexion

Déposez tout. Agenouillez-vous ou asseyez-vous pour vous mettre à leur niveau. Rangez votre propre téléphone. Ne parlez pas encore. Établissez simplement un contact visuel calme et non exigeant et utilisez un contact doux (une main sur leur dos, un câlin léger). Cela signale la sécurité. Votre présence est le premier sédatif. Vous devez réguler votre système nerveux avant de pouvoir les aider à réguler le leur.

Étape 2 : Nommer le Sentiment (Le Rôle du Traducteur)

Une fois la connexion établie, offrez un vocabulaire pour l'état interne. Vous les aidez à mettre des mots sur le chaos.

"Je vois que tu es vraiment en colère en ce moment," ou, "Cela ressemble à une profonde tristesse. C'est bien ça ?"

Nommer l'émotion est la première étape pour la contrôler. Lorsque vous la nommez, vous la validez. Vous leur enseignez : "Je me sens en colère," et non "Je suis en colère."

Étape 3 : Valider l'Expérience

Les émotions ne sont jamais fausses. Les actions peuvent être erronées, mais les émotions ne sont que des données. Utilisez un langage de validation pour montrer que vous les entendez.

"Cela a parfaitement du sens que tu sois frustré lorsque ton jeu s'arrête juste à la fin."

"Je serais aussi vraiment triste si mon ami me disait ça."

La validation dissout la résistance. C'est l'opposé de la honte ou du rejet, et cela crée la confiance nécessaire pour passer à l'Étape 4.

Étape 4 : Localiser le Sentiment

L'intelligence émotionnelle nécessite une connexion esprit-corps. Demandez-leur où ils ressentent l'émotion dans leur corps. Cela déplace le sentiment d'une idée abstraite à une sensation physique qu'ils peuvent observer.

“Où vit cette colère en ce moment ? Est-ce que c'est un nœud dans ton ventre ? Du feu sur tes joues ?”

Cela leur enseigne que les émotions sont des expériences physiques temporaires. Elles sont des vagues passagères, pas une noyade permanente.

Étape 5 : Choisir une Action S saine

Maintenant que l'émotion a été identifiée, validée et localisée, vous pouvez les guider vers un mécanisme de coping proactif. Ne passez jamais directement à l'Étape 5 ; cela ne fonctionnera pas.

Demandez-leur : “Quelle est une chose que nous pouvons faire maintenant pour aider le feu sur tes joues ?”

S'ils sont en colère : Essayez de libérer la tension (trois pompes, serrer une balle anti-stress, une marche rapide).

S'ils sont tristes : Essayez le confort (une couverture, de la musique douce, un moment tranquille, de l'eau).

S'ils sont anxieux : Essayez l'apport sensoriel (respiration profonde, tenir des glaçons, un jeu de comptage lent).

Vous remplissez leur boîte à outils émotionnelle avec de véritables outils d'adaptation internes, veillant à ce qu'ils n'aient jamais besoin de se fier à l'écran lumineux pour fuir eux-mêmes. L'écran est une commodité, pas un remède. Assurez-vous que votre enfant comprend la différence.

RÈGLE 9 : ROUTINES AVANT RÉCOMPENSE : POURQUOI LA TECHNOLOGIE DOIT ÊTRE LE DESSERT, JAMAIS LE REPAS (UTILISEZ CETTE LISTE DE CONTRÔLE EN 3 POINTS AVANT DE REMETTRE LA TABLETTE).

Cette règle est non négociable. Elle bascule l'interrupteur

de dépendance interne. Nous devons apprendre à nos enfants que les devoirs de la vie passent d'abord. La technologie est la récompense la plus puissante qui soit. Elle ne peut pas être consommée avant que le travail soit terminé. S'ils tendent d'abord la main vers la tablette, ils préparent leur cerveau à la dépendance. Ils s'entraînent à privilégier le divertissement passif sur l'effort nécessaire.

Le but est d'établir une hiérarchie claire de l'importance. La vie est le repas. Le monde numérique est le dessert. Personne ne peut avoir de dessert avant d'avoir consommé la nourriture dont il a besoin. Si vous les laissez sauter le repas nutritif de responsabilité et aller directement à la ruée de sucre numérique, vous les préparez à l'échec. Vous garantissez la procrastination et la résistance plus tard dans la soirée.

C'est pourquoi chaque jour nécessite une liste de contrôle physique et visible avant que la remise ne se produise. Cela élimine la négociation. Cela élimine l'émotion. Cela remplace l'argument par une procédure simple en trois points à réaliser et à confirmer.

Liste de contrôle en 3 points : Routine avant Récompense

Avant que le temps d'écran récréatif ne commence (y compris les jeux vidéo, le streaming ou le défilement social), votre enfant doit pouvoir confirmer l'achèvement des étapes suivantes :

1. TRAVAIL D'ABORD : Responsabilité Accomplie

C'est la section fondamentale de responsabilité. L'enfant doit vérifier que tous les devoirs liés à la maison et à l'école sont terminés.

Les devoirs sont terminés et soigneusement rangés dans le sac à dos.

Les tâches assignées (vaisselle, lessive, poubelle, chambre rangée) sont finies et vérifiées par un parent.

Toute pratique nécessaire (instruments de musique, exercices sportifs) a été accomplie.

2. CORPS GÉRÉ : Auto-soins et Mouvement

Cela garantit que les besoins physiques de base soient prioritaires par rapport à l'immersion numérique. La technologie remplace souvent le mouvement et l'hygiène. Cette étape les récupère.

La routine d'hygiène de base est complétée (dents brossées, visage lavé, cheveux coiffés).

Activité physique accomplie (un minimum de 15 minutes à l'extérieur, ou jeu actif non numérique).

Repas ou collation consommés (pas de jeu avec un estomac vide ou trop plein).

3. CONNECTION ÉTABLIE : Engagement dans le Monde Réel

Ceci est la dernière vérification avant de permettre à l'enfant de se retirer dans son espace numérique individuel. Cela garantit qu'il n'utilise pas la technologie pour éviter la famille.

Une conversation sincère et concentrée avec un parent ou un frère/sœur (pas juste un grognement en passant).

Un point de vérification proactif : « Y a-t-il quelque chose que tu dois me dire sur ta journée ? »

Si les trois points sont vérifiés, l'appareil est gagné pour le temps alloué. S'il en manque un, l'appareil reste stationné. Ce n'est pas une punition. C'est un entraînement. Cela leur apprend à gérer leur temps, à prioriser leur avenir et à respecter le flux naturel du devoir avant le plaisir. C'est ainsi que fonctionnent les adultes responsables. Nous les préparons à l'âge adulte, une liste de contrôle complétée à la fois.

LA TECHNIQUE DU MAÎTRE ZEN : COMMENT RESTER CALME COMME UN ROC LORSQUE LE TANTRUM TECHNOLOGIQUE DE VOTRE ENFANT ATTEINT UNE INTENSITÉ DE NIVEAU 10

Au moment où vous imposez une frontière d'écran, vous vous inscrivez aux conséquences émotionnelles qui en résultent. Votre enfant peut crier, pleurer, se jeter par terre ou déployer des roulements d'yeux d'adolescents sophistiqués qui pourraient briser du verre. C'est le test de votre autorité. Votre enfant teste la durabilité de la frontière.

Leurs grandes émotions n'ont pas besoin de vos grandes émotions. Lorsque l'intensité augmente, votre mission principale est la régulation émotionnelle — pas la leur, mais la vôtre.

La Technique du Maître Zen consiste à devenir le mur immobile. Un tantrum est souvent une performance conçue pour susciter une réaction : colère, culpabilité ou compromis. Lorsque vous restez calme comme un roc, vous retirez le combustible de leur feu.

Les Quatre Piliers de la Conformité Calme :

1. L'Ancre Interne : Lorsque vous sentez votre poitrine se contracter et l'envie de crier, arrêtez-vous. Faites une pause physiquement. Dites-vous une simple phrase : « Je suis l'adulte. Je suis régulé. » Prenez une profonde et lente respiration. Leur volume est sans importance par rapport à la validité de la règle. Vous appliquez la règle, pas pour gagner un argument.

2. Le Silence est Autorité : Ne discutez pas avec une personne qui s'intensifie. Ne négociez pas avec un enfant qui crie. Une fois que vous avez énoncé la conséquence ou l'ordre — comme détaillé dans la Règle 7 — vous avez terminé de parler. Chaque mot que vous prononcez après l'ordre initial est perçu comme une ouverture au débat. Le silence est l'affirmation d'autorité la plus définitive et puissante que vous possédez. S'ils continuent à rager, restez simplement immobile. Ne dites rien. Établissez un contact visuel doux si possible, ou regardez calmement au-delà d'eux.

3. Nommez le Sentiment, Pas le Comportement : Reconnaissez la tempête émotionnelle sans valider le comportement destructeur. Vous pourriez dire, calmement et tranquillement, « Je vois que tu es très en colère en ce moment parce que le jeu est terminé. C'est normal d'être en colère. » Ensuite, revenez immédiatement à la frontière : « Le téléphone restera ici

jusqu'à demain matin. » Cela montre de l'empathie pour l'émotion mais une tolérance nulle pour la rupture de la règle.

4. Le Retrait Physique (si nécessaire) : Si la tempête est vraiment accablante et que vous sentez que vous perdez votre calme, retirez-vous physiquement pendant 60 secondes. Dites : « Je vais attendre dans la cuisine jusqu'à ce que tu sois assez calme pour parler. » Ce n'est pas une punition pour eux ; c'est une protection pour votre régulation. Cela leur enseigne que leur volume ne peut pas contrôler votre proximité ou votre décision.

N'oubliez pas, l'objectif est la consistance, pas la perfection. Lorsque vous restez silencieux et ferme, vous communiquez que la frontière est immuable. Vous leur montrez que la vie continue, quel que soit leur état émotionnel. Avec le temps, ils réaliseront que le bruit et le drame ne changent pas les règles. Ils cesseront de se battre contre le mur immuable.

CHAPTER FOUR

ASTUCES DE GESTION DU TEMPS (RÈGLES 10-12) : LES 3 FRONTIÈRES AUTOMATISÉES QUI PROTÈGENT LE SOMMEIL, LA CONCENTRATION, ET ÉCRASENT L'ARGUMENT DES "JUSTE CINQ MINUTES DE PLUS"

La plus grande bataille dans la guerre des temps d'écran se déroule souvent dans les cinq dernières minutes.

« Juste cinq minutes de plus. »

« J'étais presque fini. »

« Ça ne s'est pas enregistré. »

Cette boucle de négociation est l'outil principal utilisé pour épuiser votre volonté parentale. Elle est conçue pour vous user jusqu'à ce que vous cédiez, créant un schéma d'inconsistance permissive.

Nous en avons fini avec la négociation.

Une frontière n'est efficace que si elle est automatisée. Si vous devez garder la porte chaque jour, le système échouera. Les règles de ce chapitre sont conçues pour fonctionner toutes seules. Elles vous retirent du rôle de Chronomètre et vous placent dans le rôle de Consultant.

Vos enfants ne seront plus en train de discuter avec vous. Ils discuteront avec l'horloge, le système et leurs propres choix passés.

Ces trois règles créent des frontières automatisées autour des ressources humaines les plus essentielles : l'attention, le repos et l'autonomie. Elles protègent le cerveau de votre enfant pendant le sommeil, leur capacité à se concentrer pendant la journée, et leur croissance en tant que personne responsable et indépendante.

Lorsque les limites sont claires, cohérentes et automatisées, la discussion s'évapore. Installons les pare-feu.

RÈGLE 10 : LE BUDGET TECHNOLOGIQUE QUOTIDIEN : COMMENT FAIRE SUIVRE À VOS ENFANTS LEURS PROPRES MINUTES FORCE L'AUTOCONTRÔLE (LA MÉTHODE DE L'« ENVELOPPE VIDE » RÉVÉLÉE)

LE PLUS GRAND DÉFI AVEC LE TEMPS D'ÉCRAN N'EST PAS LA QUANtité ; c'est la gestion. Quand vous, en tant que parent, êtes le seul chronométreur, vous devenez l'ennemi. Vous êtes celui qui interrompt leur flux, les oblige à changer d'activité, et exige le retour de l'appareil. Ils discutent, et vous négociez. C'est épuisant.

La Règle 10 change la donne. Elle déplace la responsabilité — et le pouvoir — de vos mains aux leurs. Nous les formons à devenir des gestionnaires de budget numérique.

Le principe est simple : Le temps technologique est une ressource limitée, tout comme l'argent, les données ou les biscuits. Une fois la ressource dépensée, elle est perdue.

Le budget technologique quotidien fonctionne mieux lorsqu'il est transparent, fixe et géré uniquement par l'enfant.

LA MÉTHODE DE L'« ENVELOPPE VIDE » RÉVÉLÉE

Cette méthode nécessite un changement de mentalité et quelques outils physiques simples (ou une application de suivi partagée, bien qu'une méthode physique fonctionne mieux pour les jeunes enfants parce qu'elle est plus réelle).

Étape 1 : Définir le budget non négociable

Asseyez-vous et déterminez le montant fixe de temps technologique récréatif (jeux vidéo, défilement sur les réseaux sociaux, YouTube) autorisé par jour ou par semaine. Par exemple, supposons un budget quotidien de 90 minutes. Ce chiffre doit être constant.

Étape 2 : Assigner la ressource

C'est l'« Enveloppe ». Donnez à votre enfant une carte, un petit tableau effaçable à sec ou un ensemble de jetons (par exemple, 9 jetons en plastique, chacun représentant 10 minutes). Sur la carte, écrivez « 90 Minutes ». C'est leur ressource à dépenser.

Étape 3 : Exiger un suivi autonome

Dès qu'ils prennent l'appareil pour un usage récréatif, ils doivent déclarer combien de temps ils envisagent d'utiliser (par exemple, « Je vais utiliser 30 minutes maintenant »). Ils doivent régler un minuteur externe (pas le minuteur interne de l'appareil : utilisez un minuteur de cuisine ou leur montre).

Étape 4 : La déduction (le vidage)

Lorsque le minuteur sonne, ils doivent immédiatement arrêter ce qu'ils font. Ils déduisent ensuite ce temps de leur budget restant. S'ils ont utilisé 30 minutes, ils effacent le 90 et écrivent « 60 ». S'ils ont utilisé des jetons, ils déposent trois jetons dans la métaphorique « enveloppe vide » (le bocal de stockage) pour la journée.

Étape 5 : Le parent comme vérificateur

Votre travail n'est plus de surveiller l'heure. Votre travail est de vérifier la carte de budget ou les jetons à la fin de la journée ou avant leur dernière session. Si la carte indique qu'ils n'ont plus de minutes, la réponse à la question « Puis-je jouer à X ? » est automatiquement : « Je vois que vous n'avez plus de minutes restantes dans votre budget. Vous connaissez la règle. »

LA PUISSANCE DE LA LIMITE AUTOIMPOSÉE

Pourquoi cela fonctionne-t-il si bien ?

Cela force l'autocontrôle. Quand l'enfant gère le budget, il ne se bat plus contre vous ; il se bat contre son propre registre. Il ne peut pas vous blâmer pour dire non ; le chiffre dit non.

Cela nécessite une réflexion stratégique. S'ils dépensent les 90 minutes le matin, ils savent qu'ils n'en ont plus zéro pour le trajet en voiture ou après le dîner. Cela enseigne la conséquence immédiate et la planification future—une compétence financière et de vie cruciale. Ils commencent à se demander, « Ce jeu en vaut-il la peine par rapport à un accès technologique limité plus tard ce soir ? »

Cela garantit la conformité. S'ils trichent sur le système et essaient de cacher des minutes, la conséquence est sévère : une interdiction totale de la technologie pendant 24 heures. Étant donné que le budget est limité et suivi de manière transparente, la tricherie est facile à repérer et à faire respecter.

Allez au-delà des disputes sur le temps. Donnez-leur le budget, les outils et la responsabilité. Ils deviendront rapidement des experts en rationnement de leur temps, non pas parce que vous leur avez dit de le faire, mais parce qu'ils veulent économiser suffisamment pour le jeu qu'ils apprécient vraiment.

RÈGLE 11 : LE SOMMEIL GAGNE L'ARGUMENT : POURQUOI LES CHAMBRES SANS TÉLÉPHONE SONT NON NÉGOCIABLES ET LE COÛT DE 9 251 $ D'IGNORER CETTE RÈGLE

CE N'EST PAS UNE NÉGOCIATION. C'EST UN MANDAT BIOLOGIQUE.

La règle 11 est simple : Tous les appareils—téléphones, tablettes, consoles de jeu—doivent se charger en dehors de la chambre à coucher du coucher du soleil jusqu'au matin. Point. Fin de l'histoire.

Cette frontière est la règle la moins négociable de tout ce manuel.

Pourquoi ? Parce que vous ne vous battez pas pour un téléphone. Vous vous battez pour le développement du cerveau, la santé mentale et la qualité de leur avenir.

Le coût de 9 251 $ d'ignorer cette règle

Ce chiffre n'est pas arbitraire. Il représente le coût annuel approximatif de la thérapie privée, du tutorat et des visites chez le médecin nécessaires pour traiter les problèmes liés à la privation chronique de sommeil, alimentée par la technologie, chez les enfants et les adolescents.

Quand un téléphone est dans la chambre, l'enfant ne dort pas. Il attend.

Il attend une notification de texte. Il attend un coup de dopamine sur les réseaux sociaux. Il attend que le défilement sans fin lui apporte quelque chose de nouveau. Cette attente maintient son cerveau dans un état d'alerte élevé, détournant le crucial processus biologique de tomber dans un sommeil REM profond et réparateur.

La lumière bleue émise par les écrans supprime la mélatonine, l'hormone qui dit au corps qu'il est temps de dormir. Même s'ils parviennent à s'endormir, une notification au milieu de la nuit fragmente instantanément la qualité de leur sommeil.

Que perdons-nous lorsque nous perdons le sommeil ?

1. Fonction cognitive : Le sommeil consolide la mémoire. Le manquer signifie échouer à cimenter ce qui a été appris à l'école ce jour-là.

2. Régulation émotionnelle : Le manque de sommeil garantit la volatilité. Cela transforme un adolescent rationnel en un enfant très irritable, défensif et anxieux.

3. Santé physique : La privation de sommeil est liée à la prise de poids, à une immunité affaiblie et à une augmentation de l'anxiété à long terme.

Les parents doivent reconnaître que le téléphone dans la chambre n'est pas une commodité ; c'est un système de livraison de 24 heures pour l'anxiété et la distraction.

Votre enfant peut pleurer. Il peut arguer que « tout le monde le fait ». Il vous dira que le téléphone est son réveil. Cela parle de peur—la peur d'être déconnecté.

Votre réponse doit être inébranlable : « Le sommeil gagne l'argument à chaque fois. Votre santé est plus importante que votre fil d'actualité. Nous vous fournissons un réveil classique. Le téléphone se charge ici, dans la cuisine, jusqu'au petit déjeuner. »

Cette règle est une déclaration physique que vous privilégiez leur bien-être par rapport à leur habitude numérique. Il ne s'agit pas de contrôle ; il s'agit de protéger la ressource la plus précieuse de votre enfant : un cerveau reposé. Luttez dans cette bataille. C'est la plus importante.

RÈGLE 12 : GAGNER L'UPGRADE : LE CONTRAT ÉTAPE PAR ÉTAPE QUI LIE L'AUTONOMIE (COMME OBTENIR LEUR PROPRE TÉLÉPHONE) À LA RESPONSABILITÉ DÉMONTRÉE

L'indépendance est l'objectif de tout bon parent. Mais l'indépendance n'est pas un cadeau remis à un anniversaire ; c'est une monnaie gagnée par un effort constant et démontré.

Cette règle aborde le point de tension le plus courant dans la parentalité moderne : quand mon enfant obtient-il un téléphone ? Quand obtient-il les réseaux sociaux ? Quand obtient-il un accès illimité ?

La réponse est simple : lorsque son dossier prouvé indique qu'il peut gérer la complexité.

La règle 12 établit un lien contractuel clair entre le niveau d'accès technologique (l'« upgrade ») et le niveau de responsabilité qu'il démontre dans la vie réelle (l'« acquisition »). Cela retire l'émotion de la négociation. Nous ne débattons pas sur la justice ; nous évaluons la performance.

L'ensemble du cadre de ce manuel vise cet objectif. Quand un enfant demande une mise à niveau majeure—comme passer d'un iPad familial à un téléphone de base, ou d'un téléphone de base à un smartphone entièrement connecté—la réponse du parent doit être basée sur des données.

Le contrat « Gagner l'upgrade »

Chaque avancement en autonomie technologique nécessite de répondre à un ensemble défini de prérequis. Si les règles fondamentales 1 à 11 ne sont pas respectées de manière cohérente, l'enfant ne peut pas passer au niveau suivant.

Par exemple, avant de passer à un smartphone personnel, l'enfant doit prouver sa compétence dans trois domaines clés pendant un minimum de six mois :

1. Cohérence dans la routine : Il doit adhérer à la règle 9 (Routine avant récompense) sans sollicitation parentale. Les devoirs sont faits, les tâches ménagères sont complètes et le soin personnel est géré sans la promesse ou la menace de technologie.

2. Responsabilité financière : S'il endommage son appareil existant (par exemple, une tablette donnée), il comprend le processus de paiement pour les réparations ou le remplacement. Cela enseigne la valeur.

3. Régulation émotionnelle : Il doit démontrer la capacité à gérer la frustration (Règle 8) et à respecter les limites (Règle 7) sans effondrement ni négociation. Il respecte le budget technologique (Règle 10).

L'âge fixe le plafond et la responsabilité fixe le plafond. Nous pouvons convenir que l'âge de treize ans est le plus tôt qu'un enfant puisse recevoir un smartphone, mais cette garantie d'âge est révoquée si son dossier montre une habitude de non-respect des règles, de mensonges sur l'utilisation de l'écran ou de volatilité émotionnelle lorsque les limites sont appliquées.

La technologie est un outil de haut niveau nécessitant des compétences de gestion de haut niveau. Vous les formez à piloter un dispositif sophistiqué qui comporte de graves risques sociaux et académiques. Donneriez-vous les clés d'une voiture de sport à un adolescent qui ne peut pas gérer ses devoirs ?

Le contrat étape par étape oblige l'enfant à voir que le parent n'est pas l'obstacle ; son propre comportement est la seule chose qui se dresse entre lui et le prochain niveau de liberté. Les règles que vous établissez maintenant—en particulier celles concernant des limites physiques comme la chambre sans téléphone (Règle 11)—doivent être maîtrisées complètement avant qu'il puisse obtenir l'amélioration.

L'indépendance se gagne par étapes. La responsabilité est la clé qui déverrouille la prochaine porte. Gardez les données transparentes et gardez les conditions non négociables.

LA RÉUNION D'AFFAIRES HEBDOMADAIRE DE CINQ MINUTES QUI TRANSFORME LES DONNÉES D'UTILISATION DES ÉCRANS EN PRÉCIEUSES LEÇONS DE VIE

C'est ici que la parentalité passe de la surveillance au coaching. Vous avez besoin d'un processus de révision cohérent et programmé pour la responsabilité. Nous appelons cela la Réunion Hebdomadaire sur la Technologie.

Elle doit être courte. Cinq minutes est le maximum. Elle devrait avoir lieu à la même heure chaque semaine—le dimanche soir est souvent idéal, avant que le stress de la semaine scolaire ne commence. Le ton est objectif, presque clinique. Ce n'est pas un moment pour crier ou pour des jugements émotionnels. C'est un audit.

Le principe fondamental est simple : Vous passez en revue les données. Vous discutez des choix.

Étape 1 : Présenter les Chiffres.

Affichez les rapports d'utilisation (provenant d'applications de temps d'écran, de contrôles parentaux, ou du tableau de suivi de l'enfant de la Règle 10). Commencez par des faits objectifs.

« L'utilisation totale cette semaine était de quatre heures et vingt minutes. »

« Vous avez passé 70 % de ce temps sur des plateformes de jeux. »

« Mardi, vous avez dépassé votre budget de 15 minutes. »

Étape 2 : Poser des Questions Réflexives.

Ne leur dites pas ce qu'ils devraient ressentir. Demandez-leur comment ils se sentent. Cela force la prise de conscience de soi.

« En regardant ces chiffres, comment avez-vous ressenti cette utilisation du temps ? »

« Cette utilisation vous a-t-elle aidé à atteindre vos objectifs de la semaine, comme terminer le projet d'histoire ou obtenir suffisamment de sommeil ? »

« Lorsque vous avez utilisé l'écran vendredi après-midi, cela vous a-t-il ressourcé ou vous a-t-il rendu plus agité ? »

Étape 3 : Déterminer la Stratégie.

C'est ici que la véritable leçon de vie est transmise. Les conséquences sont directement liées aux données. S'ils ont dépassé le budget, cet excédent est automatiquement déduit du budget de la semaine à venir. Les données établissent la conséquence, pas votre humeur.

« Parce que nous avons dépassé le budget de 15 minutes, le budget de la semaine prochaine sera de 15 minutes plus court. Quelle est votre stratégie pour gérer ce changement ? »

« Nous avons remarqué que vous aviez systématiquement terminé avec la technologie à 20h45. Essayons de faire de 20h30 le nouveau temps de déconnexion non négociable. »

Cette réunion est le mécanisme pour enseigner l'autogestion. Vous leur montrez que la technologie est une ressource finie. Elle est quantifiable. Elle exige de la planification et de l'autodiscipline, tout comme gérer un salaire ou un emploi du temps scolaire. En vous concentrant sur les données objectives, vous retirez la chaleur émotionnelle de la conversation et les responsabilisez quant à leurs propres choix.

CHAPTER FIVE

SÉCURITÉ ET IDENTITÉ (RÈGLES 13-14) - OUBLIEZ LE SUIVI—UTILISEZ CES 2 RÈGLES POUR TRANSFORMER VOTRE ENFANT EN UN CITOYEN NUMÉRIQUE À L'ÉPREUVE DES BALLES

Le parent moyen croit que la sécurité équivaut à la surveillance. Nous achetons les logiciels de surveillance. Nous installons les applications de géolocalisation. Nous exigeons leurs mots de passe et lisons leurs messages lorsqu'ils dorment.

Bien que ces outils offrent un soulagement temporaire, ils échouent finalement. Ils enseignent à votre enfant qu'il n'est pas digne de confiance. Ils leur apprennent que les limites sont des murs externes à escalader, pas des lignes directrices internes à respecter. Lorsque la surveillance est la stratégie principale, vous apprenez involontairement à votre enfant comment mieux mentir, se cacher plus rapidement, et chercher refuge dans des espaces secrets.

Nous devons cesser de traiter la technologie comme une wilderness dangereuse nécessitant une surveillance constante. Nous devons la traiter comme un outil complexe qui exige respect et compétence.

Notre mission principale se déplace maintenant de la surveillance passive à l'immunisation active. Nous avons fini de réagir à chaque gros titre sur les dangers numériques. Nous allons inculquer deux principes puissants et fondamentaux qui feront de votre enfant son propre meilleur protecteur. Ces principes—la permanence de l'empreinte numérique et le délai de conflit—ne concernent pas ce qu'ils sont autorisés à voir. Ils concernent qui ils décident d'être quand ils savent que personne ne les observe.

Vous ne pouvez pas les protéger de chaque troll, de chaque publication risquée, ou de chaque erreur numérique. Mais vous pouvez les équiper du capteur interne nécessaire pour reconnaître une mine terrestre avant de marchander dessus. Vous êtes sur le point de transformer votre enfant d'un dépendant surveillé en un citoyen numériquement à l'épreuve des balles. C'est ici que la confiance est gagnée, et la véritable autorité est forgée.

RÈGLE 13 : L'INTERNET A UNE MÉMOIRE PARFAITE : ENSEIGNER À VOTRE ENFANT LA "RÈGLE DE L'EMPREINTE NUMÉRIQUE" AVANT QU'IL POST UNE PHOTO REGRETTABLE

L'INTERNET A UNE MÉMOIRE PARFAITE. C'EST LA SEULE VÉRITÉ FONDAMENTALE que votre enfant doit absorber avant d'avoir accès à une plateforme sociale ou à une application de messagerie.

Lorsque votre enfant appuie sur "supprimer", les données ne disparaissent pas. Elles sont simplement archivée, attendant un dysfonctionnement du serveur, un événement de piratage, ou un employeur futur déterminé pour les récupérer. Chaque publication, chaque commentaire, chaque photo partagée, et chaque "j'aime" ajoutent une brique à leur dossier personnel, public et permanent.

Ce dossier sera vu non seulement par leurs amis aujourd'hui mais par leur responsable des admissions à l'université dans cinq ans et leur responsable d'embauche dans dix.

L'objectif de la Règle 13 n'est pas de les rendre paranoïaques. L'objectif est de les rendre citoyens conscients du monde numérique. Ils doivent reconnaître que chaque interaction est une communication publique, peu importe à quel point la plate-forme prétend être "privée".

Enseigner la Règle de l'Empreinte Numérique concerne l'établissement de deux filtres mentaux non négociables :

1. Le Test du Futur Patron

Lorsque ils s'apprêtent à poster une photo ou un commentaire, apprenez-leur à faire une pause et à demander : "Si le PDG de l'entreprise pour laquelle je souhaite travailler un jour voyait cela, cela m'aiderait-il ou me nuirait-il ?" Si la réponse est autre chose que "m'aider", le contenu doit rester hors d'internet.

2. Le Test de la Grand-Mère

s'ils ne mettraient pas le message ou la photo à imprimer et à afficher fièrement sur le réfrigérateur chez leur grand-mère, alors cela est trop risqué à télécharger dans le cloud. Ce filtre est immédiat et traverse toute pression des pairs. Il fournit une métrique simple pour le caractère : Est-ce que vous vivez conforme aux normes de la personne que vous souhaitez devenir ?

Vous devez souligner que la permanence numérique est aggravée par la "Culture de la Capture d'Écran." Même s'ils publient quelque chose et le suppriment dans trois secondes, l'un des centaines de personnes qui l'ont vu peut le capturer instantanément et le redistribuer sans leur permission. Ils ne font pas seulement confiance à la plate-forme ; ils font confiance à chaque abonné.

Formez-les à adopter l'état d'esprit que tout ce qui est numérique est un tatouage. Il peut s'estomper légèrement avec le temps, mais le processus de suppression est terriblement difficile, coûteux, et souvent incomplet. Comportez-vous en ligne comme si le serveur détenait des preuves parfaites et permanentes de votre caractère. Parce que c'est le cas.

RÈGLE 14 : LA RÈGLE DES 24 HEURES : LA TACTIQUE DE DÉLAI SECRET QUI PRÉVIENT 90 % DE TOUS LES CONFLITS ET LUTTES NUMÉRIQUES À FORT STRESS

La lutte commence toujours trop vite. Une rumeur vole à travers le groupe de discussion. Un message méchant arrive. Nous enseignons à nos enfants que la réaction instantanée est l'ennemie de la sagesse. Le monde numérique supprime la friction. Il enlève la pause. Nous ressentons l'urgence primitive de défendre ou d'attaquer immédiatement. C'est ainsi que de petits désaccords se transforment en conflits explosifs et publics qui laissent un enregistrement permanent.

La Règle 14 est le stop obligatoire.

Si un message numérique—un texte, un commentaire, un e-mail, ou un message direct—provoque une émotion négative immédiate et puissante, vous ne répondez pas à cela. Vous devez imposer un délai obligatoire de 24 heures.

Cette règle s'applique lorsque le message provoque une montée de leur fréquence cardiaque. Elle s'applique lorsque le message les fait pleurer. Elle s'applique lorsqu'ils ressentent la poussée de colère qui exige qu'ils répliquent avec la ligne parfaite et cinglante. Le téléphone doit être posé. L'écran doit être fermé.

Le pouvoir du délai de 24 heures est une simple question de biologie. Lorsque nous sommes activés par un conflit, notre cerveau émotionnel (le système limbique) prend le dessus. Nous ne pouvons pas penser clairement. Nous ne pouvons pas accéder à la logique. Nous allons écrire quelque chose que nous regretterons, et nous fournirons accidentellement des munitions numériques à l'opposition.

Le retard ne signifie pas qu'ils ignorent le problème. Le retard signifie qu'ils reprennent le contrôle de leur réponse.

Au cours de la période de 24 heures, ils reçoivent l'instruction de faire deux choses :

1. Reconnaître le sentiment. Ils doivent articuler à un adulte de confiance (vous) ce que le message les a fait ressentir : Blessé, en colère ou effrayé.

2. Rédiger la réponse sur papier. Ils peuvent écrire la réponse fâchée et réactive dans un carnet. Ils peuvent évacuer la vapeur en privé.

Après 24 heures, la chaleur émotionnelle se sera dissipée. Ils reliront le message qu'ils ont rédigé. Ils verront probablement qu'il s'agissait d'une réaction excessive, dictée par un impulsif temporaire. À ce moment-là, l'enfant peut choisir une réponse calme, régulée et stratégique—ou, plus souvent qu'autrement, ils réaliseront que le message ne valait même pas la peine d'être traité.

Quatre-vingt-dix pour cent de tous les conflits numériques sont prévenus ou neutralisés par cette seule tactique. Elle enseigne l'incroyable compétence de la régulation émotionnelle sous pression. L'enfant apprend que la rapidité ne signifie pas avoir raison. Être lent leur garantit de rester maître de l'échange, et non pas victime de l'augmentation émotionnelle immédiate. Ils s'entraînent pour une paix stratégique. Ils choisissent la sagesse plutôt que l'impulsion. C'est une étape cruciale vers l'âge adulte numérique.

AVERTISSEMENT : POURQUOI INTERVENIR IMMÉDIATEMENT DANS UN CONFLIT EN LIGNE AGGRAVE LE HARCÈLEMENT (ET LA STRATÉGIE D'ÉCOUTE D'ABORD QUI LE RÉSOUT)

C'EST LA RÈGLE LA PLUS DIFFICILE À SUIVRE LORSQUE VOS INSTINCTS protecteurs crient. Lorsque votre enfant vient vous voir bouleversé, effrayé ou en colère à propos de quelque chose qui s'est passé en ligne—un texto cruel, une exclusion, une attaque ciblée—votre instinct immédiat et naturel est de passer à l'action.

Vous voulez trouver le parent du harceleur. Vous voulez appeler l'école. Vous voulez exiger immédiatement une résolution.

Ne le faites pas.

Votre panique est la meilleure arme du harceleur. Lorsque qu'un parent intervient immédiatement, deux choses se produisent qui augmentent dramatiquement les dommages psychologiques et la probabilité de harcèlement futur :

1. Vous retirez l'agence de l'enfant. Vous leur apprenez que le conflit est quelque chose qu'un adulte doit résoudre, et non quelque chose qu'ils peuvent naviguer. Ils se sentent incapables.

2. Vous garantissez qu'ils ne vous parleront plus jamais. Ils associent la divulgation d'un préjudice au chaos qui s'ensuit et à la perte potentielle de leur appareil. Ils se taisent. Le harcèlement continue, mais maintenant il est caché.

Nous devons apprendre à nos enfants à être des gestionnaires de conflit, pas de simples témoins protégés. Vous êtes le conteneur émotionnel, pas l'agent de résolution.

La stratégie d'écoute d'abord

Lorsqu'un conflit en ligne se produit, votre travail est de stabiliser l'état émotionnel de votre enfant, de rassembler des informations et de les guider à travers des options stratégiques.

Étape 1 : L'Ancre Émotionnelle

Avant de poser une seule question sur l'événement, validez le sentiment. Ne le minimisez pas. Ne leur dites pas d'ignorer. Dites : "Cela a l'air d'avoir été absolument terrible. Je suis désolé que tu souffres en ce moment.

Je suis là." Cela crée un sentiment de sécurité. Cela confirme que vous êtes de leur côté, peu importe la gravité de l'offense.

Étape 2 : Collecter les preuves (la pause de 24 heures)

Une fois qu'ils sont régulés, demandez-leur de vous montrer les preuves. Prenez des captures d'écran de tout. Rassemblez les données. La partie cruciale de cette étape est la pause de 24 heures. Sauf si le conflit implique un danger physique immédiat ou des menaces vérifiables d'automutilation, vous n'agissez pas pendant 24 heures. Ce délai vous permet de passer de la panique à la stratégie.

Étape 3 : Quelle est votre prochaine étape ?

Posez la question de coaching : "Étant donné que nous ne pouvons pas contrôler ce que cette personne fait, quelle est la chose la plus puissante que vous puissiez faire pour vous protéger en ce moment?"

Guidez-les vers des options responsabilisantes :

Bloquer ou mettre en sourdine le compte.

Signaler le contenu.

S'éloigner complètement de l'écran.

La stratégie doit venir d'un endroit de clarté, pas de colère. Si l'intervention parentale (appeler l'école ou un autre parent) est absolument nécessaire, cela doit être la dernière étape, et votre enfant doit être pleinement impliqué dans la décision de le faire. Ils doivent savoir que vous intervenez parce que la situation dépasse leur capacité à gérer, pas parce que vous ne leur faites pas confiance pour la gérer.

Votre intervention immédiate leur enlève une occasion cruciale et douloureuse de développer leur résilience. Écoutez d'abord. Conseillez ensuite. N'intervenez que lorsque la sécurité est en jeu.

QUI SONT-ILS QUAND LE WI-FI EST ÉTEINT ? LA STRATÉGIE PROUVÉE POUR CULTIVER DES COMPÉTENCES EN DEHORS DE LA PERSONNALITÉ NUMÉRIQUE

C'EST LA QUESTION LA PLUS PROFONDE QU'UN PARENT PUISSE POSER à l'ère moderne : Qui sont-ils lorsque le Wi-Fi est éteint ?

Quand les "j'aime" cessent de compter. Quand la connexion échoue. Quand l'écran devient noir. Qui reste ?

Pour trop de nos enfants, la majorité de leur identité—leur valeur perçue, leur validation sociale, leur sentiment d'accomplissement—est liée à une performance numérique. Ils construisent un soi qui est fragile parce qu'il dépend entièrement d'une connexion électrique et de l'approbation externe.

Nous devons déplacer notre attention du contrôle de la vie numérique à la culture de la vie physique.

La vraie identité—le soi résilient et indépendant—se forge dans des activités qui nécessitent du temps, des efforts, de la frustration et une maîtrise en dehors d'un algorithme.

Nous appelons ces compétences de levage lourd.

Les compétences de levage lourd sont tout ce qui crée un résultat tangible, exige une concentration soutenue et ne procure pas de gratification instantanée. Voici l'atelier. Voici le jardin. Voici le piano. Voici le long et compliqué roman.

Si un enfant sait comment changer un pneu, il possède une compétence que l'internet ne peut pas lui enlever. S'il sait cuire du pain, il possède des connaissances qui le nourrissent. S'il peut mener à bien un projet de menuiserie, il apprend la profonde satisfaction de créer de la permanence.

Ceci est l'antidote à l'éphémère numérique.

Votre rôle en tant que parent n'est pas seulement de réguler le temps d'écran. Votre mission principale est de rendre le monde hors ligne si riche, si engageant et si intrinsèquement gratifiant que l'écran devienne moins tentant.

Vous devez être proactif pour combler le vide. Enlever le téléphone sans offrir une activité de remplacement n'est que le meilleur moyen d'inciter au ressentiment et à la frustration. Vous devez curer leur environnement.

Achetez les livres en papier. Inscrivez-vous à un cours d'escalade. Insistez pour qu'ils rejoignent l'équipe de débat. Présentez-leur un art qui laisse leurs mains sales et leur esprit concentré.

Lorsqu'ils rencontrent de la frustration—lorsque la compétence est difficile et qu'ils veulent abandonner et prendre un jeu—vous devez tenir bon. Cette frustration est le frottement qui construit un vrai muscle mental. Ne vous précipitez pas pour le résoudre. Laissez-les se débattre avec le monde réel.

L'enfant qui sait que sa valeur est liée à sa capacité à créer, à penser et à exister heureux sans stimuli numériques externes est un enfant qui est véritablement à l'abri des balles.

Nourrissez la personne qui existe lorsque l'écran est noir. Cette personne est leur compagnon de vie.

CHAPTER SIX

L'EMPATHIE NUMÉRIQUE (RÈGLES 15-16) : ENSEIGNER LA GENTILLESSE NUMÉRIQUE : LES 2 FILTRES SIMPLES QUI LEUR ÉVITENT DE DEVENIR UN TROLL EN LIGNE

Si vous avez passé du temps sur Internet—ou observé votre enfant naviguer dans un jeu en ligne—vous savez que l'écran crée une distance. Et la distance engendre la cruauté.

Il est facile d'oublier que l'avatar de l'autre côté de l'écran est une vraie personne avec de vrais sentiments. Cette distance est le plus grand ennemi de l'empathie. Lorsque les enfants ne peuvent pas voir la réaction immédiate et viscérale à un mot dur ou à un commentaire critique, ils perdent la boucle de rétroaction qui gouverne la gentillesse dans le monde réel.

Nous avons passé les cinq premiers chapitres à assurer la sécurité et la compétence de votre enfant. Maintenant, nous devons garantir leur bonté.

Notre objectif dans ce chapitre n'est pas seulement de les protéger des trolls, mais de nous assurer qu'ils ne deviennent pas eux-mêmes des trolls. Nous voulons élever des citoyens numériques conscients. Nous voulons qu'ils comprennent que leur clavier est un microphone pointé vers le monde. Ce qu'ils choisissent de diffuser compte.

Cela commence par combler le fossé de l'empathie.

L'empathie numérique n'est pas une compétence douce ; c'est une compétence de survie. Le monde en ligne se souvient de tout (Règle 13), et une réputation bâtie sur des commentaires malveillants ou des échanges imprudents peut les suivre toute leur vie. Plus important encore, utiliser l'écran comme déversoir pour leur propre négativité est profondément corrosif pour leur caractère.

Ces deux règles suivantes introduisent deux filtres internes critiques par lesquels ils doivent faire passer chaque message, commentaire ou partage. Ces filtres sont conçus pour ralentir la vitesse de réaction numérique et forcer la considération éthique. S'ils maîtrisent ces deux simples vérifications mentales, ils navigueront dans le champ de mines social d'internet avec gentillesse et intégrité.

Nous leur enseignons comment communiquer comme des adultes dans un monde qui récompense souvent les comportements enfantins et agressifs. L'objectif est qu'ils montrent l'exemple, en reconnaissant que la gentillesse numérique n'est pas une faiblesse—c'est une force.

RÈGLE 15 : LA RÈGLE D'OR DES TEXTOS : POURQUOI LE TON EST LA PREMIÈRE VICTIME DE LA COMMUNICATION NUMÉRIQUE (ET COMMENT LE GÉRER ACTIVEMENT)

Textoter est un territoire dangereux. Le ton est la première victime de la communication numérique. Sans indices faciaux, langage corporel ou inflexion vocale, chaque mot à l'écran est plat. Cette platitude est le terrain de reproduction parfait pour les malentendus, le stress et le conflit.

Vous devez apprendre à gérer activement cet écart. La Règle d'or—traitez les autres comme vous souhaitez être traité—s'applique toujours. Nous devons simplement mettre à jour le manuel d'instructions pour l'écran.

La première partie de la Règle 15 concerne le récepteur : lorsque vous recevez un texto qui semble acerbe, passif-agressif ou déroutant, vous devez pratiquer la pause. Supposez la meilleure intention possible. Si un ami envoie : "Pourquoi ne m'as-tu pas répondu ?", n'entendez pas d'accusation. Entendez de l'inquiétude. Supposez qu'ils étaient pressés. Supposez qu'ils étaient distraits.

Leur manque de ponctuation ou d'abréviations vagues est le reflet de leurs mauvaises habitudes de communication, et non nécessairement de leurs sentiments à votre égard. Cette simple habitude—la charité dans la lecture—met fin instantanément à la spirale dramatique numérique.

La deuxième partie de la Règle 15 concerne l'expéditeur. Parce que les autres auront du mal à interpréter vos émotions, votre standard de communication doit être plus élevé en ligne qu'en personne.

La clarté est de la gentillesse dans les textos. Vous devez compenser la perte de ton. Utilisez des mots complets. Utilisez une ponctuation appropriée. Si vous utilisez des lettres capitales, vous criez. Si vous utilisez un seul emoji vague pour représenter une émotion profonde, vous invitez à la confusion.

Si vous êtes contrarié, ne tapez pas. Point. Posez le téléphone et éloignez-vous. La technologie permet des réponses instantanées et émotionnelles, mais ces réponses sont souvent regrettées 24 minutes plus tard. Si le message est émotionnellement compliqué, ou s'il nécessite une négociation ou une discussion, cela devrait être un appel téléphonique ou, mieux encore, une conversation face à face.

Enseignez à votre enfant le test de lecture à voix haute. Avant d'envoyer, lisez le message exactement tel qu'il a été tapé. Si cela sonne comme impoli, exigeant ou sarcastique lorsqu'il est prononcé par une voix neutre, cela sera garanti mal interprété par le destinataire.

Nous enseignons l'empathie numérique. Nous exigeons le même niveau de respect et de nuance en ligne que celui que nous demandons à table. Ne laissez pas la facilité du clavier dégrader la qualité de communication de votre enfant. Prenez le temps d'envoyer. Soyez charitable dans la lecture. Agissez toujours avec le plus haut standard.

RÈGLE 16 : L'ALGORITHME DE LA SANTÉ MENTALE : COMMENT APPRENDRE À VOTRE ENFANT À FILTRER LES FILS D'ACTUALITÉ QUI LEUR FONT SENTIR 'INFÉRIEURS' EN 60 SECONDES

L'ALGORITHME NE SE SOUCIE PAS DE VOTRE BONHEUR. IL SE SOUCIE uniquement de votre engagement.

Les fils d'actualité des réseaux sociaux sont conçus pour capturer et retenir l'attention. Ils privilégient le drame. Ils prospèrent sur la comparaison. Ils vous montrent des réalités hautement retouchées qui font que votre enfant se sent intrinsèquement déficient.

Votre enfant est l'éditeur de son propre paysage mental. Cette règle lui apprend à renvoyer le personnel qui le fait se sentir sans valeur.

Nous devons cesser d'être des récipiendaires passifs du fil d'actualité. Nous devons devenir des curateurs agressifs de l'inspiration.

L'algorithme de la santé mentale est un simple auto-contrôle de 60 secondes que votre enfant doit effectuer régulièrement. Il s'applique à chaque personne, compte ou hashtag qu'ils suivent.

Le standard de filtrage est le suivant : Votre fil d'actualité doit être un moteur de croissance, pas un miroir de l'insuffisance.

s'ils voient un fil qui promeut l'envie, la comparaison ou la honte, ils doivent l'éliminer immédiatement. Pas de négociations. Pas de deuxième chances.

Comment effectuer le filtre de 60 secondes :

Étape 1 : Le test du ventre. Regardez les dix dernières publications de cette personne ou compte. Comment vous sentez-vous en ce moment ? Si la réponse est ennuyé, laid, pauvre, paresseux ou anxieux, c'est un signal d'alarme.

Étape 2 : Le test de la valeur. Demandez-vous : Ce contenu m'enseigne-t-il quelque chose de précieux, me fait-il rire sincèrement ou m'inspire-t-il à agir dans le monde réel ?

Étape 3 : L'impératif de se désabonner. Si le contenu échoue au test du ventre et au test de valeur, vous devez vous désabonner. Appuyez sur le bouton. Bloquez le compte si nécessaire. Muet l'histoire. Prenez la désintoxication mentale immédiate.

Les fils qu'ils laissent entrer dans leur vie quotidienne façonnent leur auto-perception. Ils doivent comprendre que chaque défilement est un investissement de leur attention et de leur estime personnelle.

Apprenez-leur que la vraie liberté en ligne est la capacité de choisir ce qui reçoit leur énergie. Ne laissez pas des inconnus hautement filtrés dicter leur estime de soi.

Leur fil doit être un espace d'apprentissage, d'humour et de connexion. S'il ressemble à une évaluation de performance constante, le contrat est annulé.

La santé mentale est la métrique la plus importante. Ignorez toutes les autres. Réduisez la comparaison et augmentez l'inspiration.

LE TEST DES 3 QUESTIONS QUI EXPOSE INSTANTANÉMENT LES INFLUENCEURS PRÉDATEURS CONTRE LES VÉRITABLES MODÈLES

Le monde numérique est rempli de personnes prétendant être des mentors. Ils promettent des solutions rapides, une confiance instantanée ou la clé d'une vie réussie. La plupart de ces personnes ne sont pas des mentors. Ce sont des micro-entreprises. Leur produit est l'attention de votre enfant.

La différence entre un modèle positif sain et un influenceur prédateur est l'intention. Les modèles cherchant à construire de l'indépendance. Les influenceurs cherchent à construire une dépendance.

Voici un simple test en trois questions que vous pouvez enseigner à votre enfant pour filtrer instantanément le bruit et protéger son espace mental. Encouragez-les à se poser ces questions sur toute personnalité qu'ils suivent religieusement :

Question 1 : Essaient-ils de me vendre quelque chose, ou essaient-ils de m'apprendre quelque chose ?

C'est le filtre central. Un véritable modèle propose des compétences, des idées ou des aperçus qui peuvent être appliqués immédiatement, sans nécessiter d'achat. Ils fournissent une valeur intrinsèque. Un influenceur, surtout un prédateur, mène toujours à une transaction. Cette transaction peut être un complément, une ligne de vêtements, un cours payant ou simplement votre temps et vos clics. Si le contenu est constamment un préambule à un argument de vente, c'est du commerce, pas des conseils.

Question 2 : Après avoir regardé leur contenu, me sens-je énergisé et capable, ou me sens-je anxieux et 'inférieur' ?

Les influenceurs prédateurs prospèrent sur l'insuffisance. Ils présentent une vie parfaite et fabriquée conçue pour faire croire au spectateur qu'il échoue. Cela crée de l'anxiété, qui stimule l'engagement et la consommation future. Un vrai modèle—qu'il soit athlète, musicien ou académique—laisse le spectateur motivé à travailler plus dur, inspiré à créer, ou confiant en ses propres capacités. Si le fil laisse constamment votre enfant se sentir mal par rapport à son corps, ses possessions ou son statut social, il doit se désabonner. C'est un algorithme toxique, pas une amitié.

Question 3 : Leur valeur dépend-elle de mon action immédiate, ou me donne-t-elle un outil que je peux utiliser dans le monde réel ?

Un influenceur prédateur a besoin de validation constante. Ils ont besoin du "j'aime", du partage, de l'achat immédiat ou du commentaire déclarant leur brillance. Un vrai modèle à suivre offre des conseils intemporels ou un développement de compétences. Le contenu est précieux que votre enfant clique sur "j'aime" ou non. Si l'accent est principalement mis sur la participation numérique—se laisser entraîner dans les guerres de commentaires, ou partager la vidéo immédiatement—la personne privilégie les clics au détriment de la connexion.

Enseignez à votre enfant à être des conservateurs impitoyables de leur fil d'actualités. Leur temps et leur attention sont des marchandises précieuses. Ils devraient n'investir ce capital que dans des personnes qui contribuent activement à leur croissance, pas dans celles qui cherchent à tirer profit de leurs insécurités. Ils recherchent des enseignants, pas des vendeurs.

VOTRE COMPORTEMENT EST LEUR PROGRAMME : LA DOULOUREUSE VÉRITÉ SUR LA FRÉQUENCE À LAQUELLE VOS ENFANTS VOUS VOIENT PRENDRE VOTRE TÉLÉPHONE.

Vous enseignez une classe chaque jour. Vos enfants sont des étudiants inscrits. Ils prennent des notes, non pas sur vos discours verbaux concernant les limites d'utilisation des écrans, mais sur vos mouvements inconscients. Votre comportement est leur programme.

La douloureuse vérité est que la lutte de nos enfants avec leurs appareils reflète souvent la nôtre.

À quelle fréquence prenez-vous votre téléphone lorsqu'il y a un moment de silence ? À quelle vitesse le saisissez-vous lorsque vous vous sentez ennuyé en attendant dans la voiture ? Ils vous chronomètrent. Ils observent la réaction immédiate et urgente que vous avez face à une notification—une réaction qui suggère que l'écran contient quelque chose de bien plus crucial que la conversation qui se déroule juste à côté de vous.

Lorsque vous amenez votre téléphone à table, vous leur enseignez que la connexion est conditionnelle. Quand vous vérifiez vos e-mails pendant leur match de football, vous leur enseignez que leurs efforts sont secondaires à votre obligation numérique. Lorsque vous interrompez une conversation physique pour jeter un coup d'œil à une notification, vous leur enseignez que la présence est négociable.

Nous établissons la base émotionnelle de la dépendance.

Si nous voulons que nos enfants respectent les limites physiques de la technologie, nous devons modéliser ce respect en premier. Vous êtes le propriétaire numérique de votre maison, mais vous devez aussi être le locataire le plus rigoureux.

Cela signifie poser l'appareil quand ils entrent dans la pièce. Cela signifie établir un contact visuel qui dure plus longtemps que le temps nécessaire pour vérifier une notification. Cela signifie laisser votre téléphone en charge dans la cuisine lorsque vous lisez un livre ou que vous vous promenez.

Nous ne pouvons pas exiger de concentration de nos enfants tout en modélisant une distraction constante et nerveuse. Ils n'apprennent pas seulement de ce que nous disons. Ils apprennent le système de priorités fondamentales de la vie à partir de ce que nous choisissons de regarder lorsque le bruit s'arrête. Que vous enseigne votre programme ? C'est la vraie leçon qui durera toute leur vie.

CHAPTER SEVEN

INDÉPENDANCE PLUTÔT QU'INTERVENTION (RÈGLES 17-18) : LA STRATÉGIE "FORMER UN PILOTE, PAS UN PASSAGER" QUI POUSSE VOTRE ENFANT À RÉSOUDRE SES PROPRES PROBLÈMES TECHNOLOGIQUES.

Vous avez passé les six derniers chapitres à établir des limites, à établir une autorité et à tracer des lignes claires. Vous avez fait le travail difficile et fondamental.

Maintenant, nous entrons dans la phase la plus difficile du travail sur les limites : laisser aller.

L'instinct de chaque bon parent est de tracer la voie pour son enfant. Nous réparons le Wi-Fi. Nous récupérons le chargeur oublié. Nous arrondissons l'inévitable erreur de programmation qui se produit lorsqu'ils essaient de jongler entre l'école, le sport et leur maigre budget d'écran. Nous devenons leur assistant administratif personnel.

Cet instinct est toxique pour l'indépendance.

Si vous intervenez, dépannez et gérez sans cesse leur vie technologique, vous formez un passager. Les passagers sont à l'aise. Ils s'attendent à ce que quelqu'un d'autre gère le trajet, la turbulence et la navigation.

Nous ne sommes pas en train de former des passagers. Nous formons des pilotes.

Un pilote sait comment naviguer dans la complexité. Un pilote comprend les systèmes. Un pilote peut résoudre des problèmes lorsque la pression est forte. Cela nécessite de la lutte. Cela nécessite des erreurs frustrantes. Et cela nécessite que vous, le parent, preniez délibérément du recul et permettiez à ce combat d'avoir lieu.

Les deux règles de ce chapitre sont conçues pour transférer des compétences. Elles obligent votre enfant à s'approprier son emploi du temps et à résoudre ses problèmes technologiques. Cette phase n'est pas une question de suppression des limites ; il s'agit de leur enseigner à gérer les limites que vous avez déjà établies. Nous passons de la gestion de l'appareil à la promotion de l'autocontrôle chez l'enfant. C'est là que la magie de l'indépendance se produit.

RÈGLE 17 : ARRÊTEZ D'ÊTRE LEUR ASSISTANT NUMÉRIQUE : POURQUOI PERMETTRE DE LÉGÈRES FRUSTRATIONS TECHNOLOGIQUES DÉVELOPPE UNE ÉNORME CAPACITÉ À RÉSOUDRE DES PROBLÈMES.

Le monde de la technologie est intrinsèquement chaotique. Les mots de passe échouent. Les programmes plantent. Les fichiers sont corrompus. Des messages d'erreur apparaissent rédigés dans une langue qui ressemble à du charabia.

Lorsque votre enfant rencontre l'un de ces obstacles inévitables, quelle est votre réponse immédiate ? Si vous êtes comme la plupart des parents, vous abandonnez instinctivement ce que vous faites, vous vous penchez par-dessus son épaule et vous réparez le problème. Vous entrez en mode assistant numérique.

Ce geste, bien que bien intentionné, est une catastrophe pour leur développement à long terme. Lorsque vous résolvez immédiatement chaque frustration technique mineure, vous n'êtes pas un parent utile ; vous privez votre enfant de l'une des compétences les plus importantes pour s'épanouir dans un monde numérique : la capacité à dépanner.

Au moment où un enfant rencontre une difficulté—un mot de passe oublié, une incapacité à se connecter à l'imprimante, une mise à jour de jeu vidéo boguée—il a une occasion de solliciter son cortex préfrontal. Il doit lire le message d'erreur. Il doit essayer une solution différente. Il doit utiliser Google pour trouver une solution. Il doit gérer la frustration interne de la complexité.

Si vous intervenez et réparez le problème, il ne comprend rien sauf que pleurer ou demander de l'aide est le moyen le plus rapide de contourner la lutte.

Cette règle est simple : arrêtez d'être leur assistant numérique.

Lorsqu'ils viennent à vous avec un problème technologique mineur, votre travail n'est pas de fournir la réponse, mais de poser la prochaine question.

Adoptez le rôle d'un coach, pas d'un technicien. Cela nécessite une réglementation parentale massive et de la patience. Vous devez résister à l'envie de le faire plus vite vous-même.

Voici les questions directrices à utiliser lorsqu'ils rencontrent un obstacle :

1. Que disait exactement le message d'erreur ? (Obligez-les à lire l'invite.)

2. Quelles sont les deux choses que vous avez déjà essayées ? (Assurez-vous qu'ils ont fourni de l'effort.)

3. Où pourriez-vous chercher la solution ? (Dirigez-les vers la section d'aide, les FAQ ou un moteur de recherche général.)

4. Si c'était un problème de maths, comment le décomposeriez-vous en parties plus petites ? (Liez-le à des compétences de résolution de problèmes existantes.)

s'ils sont bloqués sur un problème mineur, donnez-leur un délai fixe—

disons quinze minutes—pour y travailler de manière indépendante. Dites-leur que s'ils peuvent passer quinze minutes concentrés à trouver la solution, vous passerez ensuite en revue leurs conclusions ensemble. Cela enseigne la persistance, une qualité non négociable pour le succès futur.

Vous formez un pilote, pas un passager. Les pilotes doivent savoir comment gérer des défaillances complexes et inattendues dans le cockpit. Ils ont besoin de muscles de résolution de problèmes. Ce muscle se construit à travers la petite friction répétitive de découvrir comment re-télécharger un pilote ou réinitialiser un routeur. S'ils ne peuvent pas gérer les petites complexités de leurs appareils personnels, ils s'écraseront certainement face aux énormes complexités de l'université, de la carrière et de la vie adulte. Laissez-les éprouver la frustration. Cette frustration est l'entraînement de poids pour leur cerveau.

RÈGLE 18 : LA "RÉINITIALISATION NUMÉRIQUE" HEBDOMADAIRE OBLIGATOIRE : COMMENT RECONFIGURER LEURS CERVEAUX EN LES FORÇANT À SE SOUVENIR DE LA VIE SANS ÉCRANS.

Le cerveau humain est une machine magnifique, mais il est aussi paresseux. Il se dirige vers le chemin le plus facile vers le plaisir. Lorsque le chemin est un rectangle en verre vibrant qui offre un divertissement instantané et sans effort 24 heures sur 24, 7 jours sur 7, les voies neuronales pour la patience, la concentration profonde, et l'ingéniosité dans le monde réel commencent à s'atrophier.

Vous ne pouvez pas enseigner une nouvelle compétence au cerveau sans le forcer à sortir complètement de l'ancienne voie. C'est pourquoi la réinitialisation numérique hebdomadaire est non négociable.

Cette règle dicte que pendant 24 heures—idéalement tous les dimanches, ou un autre jour désigné qui convient à votre famille—toute technologie récréative est interdite. Cela signifie pas de jeux vidéo, pas de réseaux sociaux, pas de YouTube, pas de télévision en streaming, et pas de divertissement numérique de quelque sorte.

Ce n'est pas une punition. C'est une hygiène mentale nécessaire.

Le but du Digital Reset est simple : reprogrammer leur attente de la vie. Nous les forçons à se rappeler qu'ils sont des êtres humains capables, créatifs et intéressants même lorsque le Wi-Fi est éteint.

Lorsque vous mettez cela en place pour la première fois, attendez-vous à de la résistance. Un enfant qui est accro aux montées de dopamine interprétera le manque de stimulation comme une souffrance. Ils vous diront qu'ils s'ennuient. Ils vont faire les cent pas. Ils vont soupirer de manière dramatique.

Vous devez tenir bon. L'ennui n'est pas l'ennemi ; c'est le catalyseur d'une véritable créativité.

Pensez-y comme à la réinitialisation d'un appareil brisé. Vous débranchez, attendez un moment, puis rebranchez. Le Digital Reset débranche la boucle de rétroaction constante. Il permet à leur capacité d'attention de s'allonger, à leur muscle de concentration profonde de se réveiller à nouveau, et à leur capacité à générer leur propre plaisir de se réaffirmer.

Que se passe-t-il durant le Digital Reset ?

1. Ils se connectent à la réalité. Ils pourraient soudainement remarquer les feuilles sur les arbres, la poussière sur l'étagère, ou l'existence de leurs frères et sœurs.

2. Ils se connectent à l'effort. Ils doivent choisir activement une activité non numérique : dessiner, construire, cuisiner, lire un livre avec des pages en papier, ou sortir dehors.

3. Ils se connectent avec vous. C'est une journée parfaite pour des activités familiales qui demandent la présence—jeux de société, longues promenades, ou projets collaboratifs.

En créant ce vide programmé et prévisible, vous leur offrez un repos neurologique nécessaire. Vous démontrez, semaine après semaine, que le monde analogique est plus riche, plus complexe, et finalement plus gratifiant que tout ce qu'ils peuvent trouver sur un écran. S'ils ne peuvent pas gérer 24 heures sans appareil, ils ne pilotent pas la technologie ; la technologie les pilote. Le Digital Reset est la façon dont vous leur redonnez les commandes.

LE TEST ULTIME : S'ILS NE PEUVENT PAS GÉRER LA RESPONSABILITÉ MAINTENANT, ILS VONT S'EFFONDRER SEULS DANS LEUR SALLE DE DORTOIR

La date limite ultime pour l'indépendance numérique approche. Elle est appelée le jour de l'emménagement.

Lorsque votre ado entre dans cette salle de dortoir, les règles disparaissent complètement. Ils ont une bande passante illimitée. Ils ont une totale intimité. Ils n'ont aucune supervision immédiate. L'environnement numérique dans lequel ils entrent est un test parfait de discipline interne.

Le test est simple : s'ils ne peuvent pas gérer leur attention, leur emploi du temps, et leurs priorités académiques tout en étant sous votre toit, ils vont absolument s'effondrer lorsqu'ils seront seuls.

Nous devons cesser d'être le pare-feu externe. Si votre enfant a encore besoin que vous retiriez physiquement son appareil à 22 heures pour garantir son sommeil, il n'a pas appris le contrôle. Il a seulement appris l'obéissance. L'obéissance fonctionne très bien dans votre cuisine. Elle est inutile dans une salle de classe d'université.

Le but des dernières années à la maison est de transférer l'autorité de vous à leur conscience.

Cela signifie que vous devez prendre du recul. Nous passons de la phase de surveillance à la phase de coaching. Ne les poursuivez pas pour qu'ils terminent leurs devoirs. Demandez une fois, puis tenez-les responsables du résultat. S'ils échouent à gérer leur temps parce qu'ils étaient sur Instagram, ils reçoivent une mauvaise note. Vous devez laisser cela se produire. Cet échec est une école de vie peu coûteuse.

Échouer à réguler leur attention à l'université est coûteux. Cela coûte des milliers de dollars. Cela coûte des semestres de réussite académique. Cela coûte des futurs potentiels.

Utilisez leurs dernières années comme une simulation d'entraînement en direct. Laissez-les ressentir le léger inconfort d'un mauvais choix maintenant. Laissez-les perdre l'accès pendant une semaine s'ils enfreignent une règle critique. Laissez-les faire l'expérience de la pression d'avoir besoin de rattraper leur retard parce qu'ils ont procrastiné numériquement.

La pression de l'auto-gestion est ce qui développe le muscle.

S'ils comptent encore sur les contrôles parentaux pour limiter leur exposition aux distractions, ces contrôles vont disparaître au moment où ils partent. Votre travail est de les équiper d'un système d'exploitation interne —les 20 règles de ce manuel—afin qu'ils puissent déployer l'autocontrôle sans que vous soyez là pour les surveiller.

Le crash est garanti si les stabilisateurs sont encore en place lorsqu'ils prennent la route. Nous avons besoin qu'ils volent en solo, pleinement conscients de leur plan de vol et de leurs limites, bien avant de quitter le hangar.

POURQUOI LES CONSÉQUENCES SONT LE MEILLEUR ENSEIGNEMENT : LA FAÇON SIMPLE DE LES LAISSER ÉCHOUER NUMÉRIQUEMENT SANS DOMMAGES PERMANENTS

NOUS ESSAYONS DE LES PROTÉGER DE CHAQUE ERREUR. NOUS ESsayons d'amortir chaque coup numérique. Cet instinct est naturel. Cet instinct est aussi destructeur. Nous devons changer notre état d'esprit.

Les conséquences ne sont pas une punition. Les conséquences sont des informations. Elles indiquent à l'enfant exactement où se trouvent véritablement les limites. Sans de véritables conséquences, vos règles ne sont que des suggestions douces. Elles sont faciles à ignorer. Elles sont simples à rejeter.

Nous voulons que nos enfants apprennent le coût élevé des mauvais choix. Nous voulons qu'ils apprennent cette leçon lorsque les enjeux sont faibles. Ils doivent échouer maintenant, lorsque la conséquence est une perte temporaire d'accès à l'écran. Ils n'ont pas besoin d'échouer plus tard, lorsque la conséquence est de perdre un emploi ou de nuire durablement à une amitié.

Vos règles doivent avoir du poids.

Vos limites doivent avoir de la pertinence.

S'ils enfreignent une règle de temps, l'accès est coupé. S'ils utilisent mal l'appareil par manque de respect, l'appareil devient sombre. La perte de la technologie doit toujours être directement liée à l'abus de confiance. Ils restent éveillés une heure de plus à faire défiler ? Ils perdent deux heures d'accès demain. Ils postent un commentaire qui cause de la peine ? Le téléphone reste dans la cuisine pendant une semaine.

Ceci est une simple relation de cause à effet. C'est de la physique appliquée à la parentalité. Les conséquences enseignent la responsabilité. Les conséquences construisent une indépendance future. Ne les sauvez pas de leurs erreurs numériques. Laissez-les ressentir l'inconfort de la perte. Laissez-les apprendre la simple vérité : vous contrôlez l'outil. Vous définissez les termes. Les conséquences sont le meilleur enseignant. Cet échec numérique temporaire crée une leçon de vie permanente.

CHAPTER EIGHT

LA TRANSITION DES ANNÉES ADOLESCENTE (RÈGLE 19) : LE GRAND CHANGEMENT D'AUTORITÉ : POURQUOI LA CONFIANCE DOIT REMPLACER LA SURVEILLANCE INVASIVE LORSQU'ILS ENTRENT AU LYCÉE

Ce chapitre marque le dernier, et peut-être le plus difficile, pivot dans tout le manuel. Vous avez passé des années à construire une base solide. Vous vous êtes établi comme l'autorité. Vous leur avez appris la régulation émotionnelle, la permanence numérique, et la valeur de l'ennui.

Maintenant, alors qu'ils entrent au lycée—ou à l'étape de développement juste avant l'indépendance totale—votre stratégie doit changer de manière dramatique.

La technologie n'est plus une option récréative ; c'est l'infrastructure de la vie au lycée. C'est ainsi que les enseignants distribuent les devoirs. C'est ainsi que les équipes sportives communiquent les changements d'emploi du temps. C'est le moyen principal de connexion sociale. Interdire ou micromanager leurs appareils maintenant, c'est handicapant délibérément leur capacité à naviguer dans leur monde.

Le problème, bien sûr, est que les enjeux semblent plus élevés que jamais. Le contenu est plus sombre. La pression sociale est plus lourde. La peur que vous ressentez est rationnelle.

Mais voici la vérité absolue : vous ne pouvez pas surveiller la vie privée d'un jeune adulte et vous attendre à ce qu'il développe un raisonnement moral indépendant.

Le but de tout ce manuel n'est pas d'avoir des enfants parfaitement obéissants. L'objectif est de lever des adultes compétents, moraux, indépendants qui n'ont pas besoin de vous pour gérer leur calendrier ou leur conscience. Et l'indépendance nécessite de la confiance.

Si vous avez construit la fondation correctement (Règles 1-18), votre enfant connaît déjà les règles de la route. Ils savent qu'Internet se souvient de tout. Ils savent que leur sommeil est primordial. Ils savent que la technologie est le dessert, pas le repas.

Maintenant est le moment de leur offrir la monnaie la plus précieuse dans le monde adolescent : l'autonomie acquise.

La surveillance invasive—vérifier leur téléphone chaque nuit, exécuter des logiciels de suivi sans leur connaissance, ou lire leurs messages texte—envoie un message toxique. Cela signifie : Je crois que tu es incompétent. Je crois que tu es trompeur. Je crois que le travail que nous avons fait ensemble ne signifie rien.

Lorsque les adolescents ressentent ce profond sentiment de méfiance, ils cessent de parler. Ils cessent de demander de l'aide. Le plus dangereux, c'est qu'ils deviennent des maîtres de l'évasion numérique, cachant les problèmes très réels que vous devez connaître. Ils créent des comptes jetables. Ils passent à des applications de messagerie sécurisée. Ils déplacent le problème dans l'ombre, où vous ne pouvez pas les aider.

Cette phase ne consiste pas à abandonner l'autorité. Il s'agit de déplacer cette autorité de l'application externe à un mentorat interne. Vous passez d'un gardien de prison à un membre du conseil. Vous êtes toujours le président du conseil, mais ils gèrent maintenant les opérations quotidiennes.

Ce changement est effrayant, mais il est nécessaire. S'ils ne peuvent pas gérer la liberté numérique maintenant, alors qu'ils sont encore sous votre toit, ils vont s'effondrer lorsqu'ils seront seuls dans une chambre universitaire sans aucune structure. Nous devons leur permettre de pratiquer la responsabilité avant que les conséquences de l'échec ne modifient leur vie.

La règle 19 définit comment nous réalisons cette transition critique de la surveillance au soutien. C'est la dernière étape avant l'objectif final : élever un adulte pleinement fonctionnel et numériquement responsable.

RÈGLE 19 : LA RAISON CHOQUANTE POUR LAQUELLE VÉRIFIER CONSTAMMENT LE TÉLÉPHONE SE RETOURNE CONTRE VOUS ET NUIT À LA CONFIANCE DES ADOLESCENTS.

Cette règle représente le grand changement d'autorité.

Pendant des années, vous avez agi en tant que propriétaire numérique. Vous aviez les clés. Vous fixiez le couvre-feu. Vous instituiez les pénalités. C'était nécessaire. Cela établissait une autorité claire lorsque leurs lobes frontaux étaient encore en construction.

Mais le but de toutes ces premières règles n'était pas de les garder en sécurité pour toujours. Le but était de les former à se garder en sécurité eux-mêmes.

Si vous avez réussi à mettre en œuvre les 18 premières règles, vous leur avez donné les outils et le cadre pour gérer la complexité. Il est maintenant temps de remplacer la surveillance invasive par une confiance radicale.

La règle 19 stipule : Au moment où votre enfant entre dans l'adolescence, vous commencez à passer du contrôle externe (applications de surveillance, contrôles programmés) à une confiance méritée (autonomie, consultation).

La raison choquante pour laquelle la vérification constante du téléphone se retourne contre vous est simple : cela leur apprend à devenir des experts en secret, pas en responsabilité.

Lorsque les adolescents savent que vous surveillez constamment chaque message, publication ou photo, leur motivation fondamentale change. Le comportement n'est plus gouverné par, « Est-ce bien ou mal ? » Il est gouverné par, « Vais-je me faire prendre ? »

Cela élimine l'opportunité cruciale pour eux de développer une boussole morale interne. Si les garde-fous externes sont toujours présents, ils n'apprennent jamais à diriger le véhicule eux-mêmes. Ils n'apprennent qu'à craindre les conséquences.

Nous n'élevons pas des enfants pour devenir des employés conformistes. Nous élevons des adultes indépendants qui vivront éventuellement seuls dans un monde numérique complexe. Lorsqu'ils seront en dehors à l'université, vous ne pourrez pas surveiller leur Snapchat. Leurs choix dans cette chambre universitaire dépendront entièrement d'eux.

La seule préparation efficace à cette liberté sans supervision est la responsabilité démontrée.

S'ils savent que vous leur faites confiance pour respecter les limites que vous avez établies dans les Chapitres 1-4, ils auront un énorme incitatif à maintenir cette confiance. La confiance est une monnaie puissante. La perdre est une conséquence dévastatrice qui l'emporte de loin sur la perte temporaire d'un appareil.

Si vous violez la confiance en vérifiant leur téléphone sans raison—juste une légère curiosité ou anxiété—vous leur dites deux choses : Premièrement, que vous croyez qu'ils sont fondamentalement peu dignes de confiance, et deuxièmement, que votre anxiété est plus importante que leur indépendance croissante.

Cela endommage sévèrement le lien parent-enfant. Cela les fait reculer. Cela les fait se cacher. Et le secret est la plus grande menace pour la sécurité d'un adolescent.

Au lieu de vérifications constantes, offrez un niveau élevé d'autonomie méritée, mais conservez toujours le droit d'auditer si des signaux d'alerte spécifiques et non négociables apparaissent (voir la section suivante).

L'attente est : Vous êtes digne de confiance. Prouvez-le chaque jour. Votre autorité est désormais basée sur l'intégrité, pas sur la surveillance.

LES 3 ALERTES NON NÉGOCIABLES QUI JUSTIFIENT DE SUPPLANTER LA CONFIANCE (ET POURQUOI VOUS NE DEVRIEZ JAMAIS VÉRIFIER PAR SIMPLE CURIOSITÉ)

Une fois que vous passez aux années d'adolescence, la confiance devient la monnaie de la relation. La règle 19 signifie que vous avez établi un périmètre et que vous faites confiance à votre enfant pour y opérer. Par conséquent, vérifier un appareil par simple curiosité, suspicion générale ou insécurité est une violation grave. C'est une dette relationnelle qui prend des mois à rembourser. S'ils découvrent que vous avez vérifié sans justification, vous avez prouvé que votre autorité est basée sur la discrétion, pas sur l'intégrité.

Nous devons faire une distinction clinique : nous n'intervenons que lorsque les enjeux augmentent à une véritable sécurité—pas simplement un mauvais jugement.

Vérifier est un outil de dernier recours. C'est une action de protection, pas une action punitive.

Les 3 Alertes Non Négociables Qui Justifient de Supplanter la Confiance

1. Diminution Persistante de la Santé Mentale et Indicateurs d'Auto-Mutilation.

Cette alerte est levée lorsque vous observez des changements profonds et persistants dans le comportement de votre enfant qui ne peuvent pas être expliqués autrement. Ce n'est pas une humeur normale d'adolescent. Cela comprend des changements dramatiques dans le sommeil, des fluctuations de poids significatives, une auto-isolation omniprésente, des expressions de désespoir profond ou des signes concrets d'auto-mutilation. Si la technologie alimente visiblement une spirale auto-destructrice dangereuse—et que votre communication verbale n'est pas parvenue à percer—vous devez enquêter sur la source du mal sur l'appareil.

2. Preuves de Comportements Illégaux ou Menaçants pour la Vie.

Cette alerte justifie une intervention lorsque vous avez observé un comportement dans le monde réel qui indique une menace directe pour eux-mêmes ou pour les autres, ou une implication dans une activité criminelle. Les exemples incluent des abus de drogues observés, des vols confirmés, des menaces explicites de violence physique envers des pairs, ou des preuves claires d'implication dans des escroqueries dangereuses ou des projets illégaux. Dans ce cas, vous ne cherchez pas de mauvais mots ; vous cherchez des preuves pour les sauver des conséquences légales ou physiques qui l'emportent sur toute revendication de confidentialité.

3. Menace Immédiate et Spécifique de Prédation ou d'Exploitation.

C'est une intervention ciblée nécessaire lorsque vous recevez une alerte crédible et externe d'un tiers (une école, les forces de l'ordre ou un autre parent) concernant un incident spécifique et dangereux. Ce n'est pas une panique générale. Cela confirme un contact avec un prédateur connu, une tentative de chantage direct, ou le traitement d'une menace aiguë et vérifiée de dommages réels qui a pour origine le monde en ligne.

Pourquoi Vous Ne Devriez JAMAIS Vérifier Par Simple Curiosité

Si vous vérifiez le téléphone parce que vous vous "demandiez" simplement qui ils envoyaient un message, vous violez le contrat de confiance. Lorsque les années d'adolescence arrivent, votre travail principal est de les préparer à la vie sans vous. S'ils savent que vous regardez constamment, ils deviendront meilleurs pour cacher, pas meilleurs pour faire de bons choix.

Si vous devez vérifier, vous devez être prêt à avoir une conversation sur pourquoi vous l'avez fait.

“J'ai vérifié ton téléphone parce que j'ai vu les coupures sur ton bras et j'avais besoin de savoir si tu prévoyais de te blesser davantage.”

Cette conversation est difficile, mais elle confirme que votre intervention était motivée par l'amour et la sécurité, pas par le contrôle. Vérifier ne doit jamais être une forme subtile d'écoute parentale. C'est un outil diagnostique nécessaire utilisé lorsque la vie du patient est en danger. Utilisez-le avec parcimonie. Utilisez-le de manière délibérée. Utilisez-le en tant que parent, pas en tant que détective.

EXPOSÉ : LE PLAN DE CONVERSATION PROACTIF ET SANS HONTE POUR DISCUTER DE LA PORNOGRAPHIE ET DU CONTENU MATURÉ EN LIGNE AVANT QU'ILS NE LE TROUVENT

C'EST LA CONVERSATION QUI DÉTERMINE LE RESTE DE LEUR confiance adolescente. Vous devez absolument initier cette discussion avant qu'ils ne tombent sur du contenu mature—ce qu'ils feront, statistiquement.

Le but principal ici n'est pas la moralité. Il s'agit de retirer le pouvoir de la honte. S'ils tombent dessus par accident et qu'ils sont trop terrifiés pour vous en parler, ils traiteront l'expérience seuls. C'est à ce moment que les dégâts surviennent. Nous établissons la zone "Pas de Panique, Juste Parlez".

La conversation doit se dérouler en trois étapes distinctes, commençant vers l'âge de dix ou onze ans, et répétées chaque année.

ÉTAPE 1 : Normalisation et Contexte

Commencez de manière décontractée. Ne faites pas de cet événement un moment traumatisant et formel. Engagez la conversation en conduisant ou en lavant la vaisselle.

Le Script :

« Alors que vous passez plus de temps en ligne et que votre curiosité grandit, vous allez accidentellement trouver des choses destinées uniquement aux adultes. Internet est construit comme une immense ville confuse, et parfois vous vous promenez dans une rue où vous ne devriez pas être. Si jamais vous voyez quelque chose qui vous dérange, vous met mal à l'aise, ou que vous pensez être du matériel privé pour adultes, voici ce que je veux que vous sachiez :

Il est normal d'être curieux au sujet des relations et du corps humain. Cette curiosité fait partie du passage à l'âge adulte. Et à cause de cela, vous allez rencontrer des médias en ligne qui essaient de répondre à ces questions d'une manière exagérée, irréaliste et souvent nuisible. »

La clé est de normaliser la rencontre, pas le contenu. Vous les préparez à un événement inévitable, en neutralisant la honte attachée à la découverte elle-même.

ÉTAPE 2 : Réalité contre Fantaisie

Une fois qu'ils sont assez âgés pour comprendre la culture médiatique (généralement 13 ans et plus), vous devez les équiper pour être des consommateurs critiques du contenu qu'ils voient. Le contenu pour adultes en ligne est souvent appelé pornographie. Nous devons l'appeler pour ce qu'il est.

Le Script :

« La pornographie n'est pas une éducation sexuelle. C'est un divertissement. C'est du jeu. C'est une performance conçue pour rapporter de l'argent. C'est une version fausse de l'intimité où les sentiments, les relations, l'engagement et parfois même la réalité physique sont complètement absents. Nous devons parler de ce qui est réel par rapport à ce qui est performance.

Si vous voyez quelque chose qui implique de l'intimité, posez-vous trois questions immédiatement :

1. Est-ce que tout le monde impliqué est traité avec respect et soin sincère ? (La réponse en ligne est généralement non.)

2. Cela montre-t-il à quoi ressemble une vraie relation saine ? (La réponse est définitivement non.)

3. Le consentement est-il présent, respecté et non-négociable ?

Nous vous enseignons que la vraie intimité nécessite confiance et respect. Les choses que vous voyez en ligne n'exigent ni l'un ni l'autre. Elles n'exigent qu'un clic. »

Cette étape va au-delà de la peur. Elle entraîne leur muscle de pensée critique et positionne le parent comme l'expert de la réalité, contrebalançant le récit d'internet.

ÉTAPE 3 : Le Pacte de la Porte Ouverte (La Seule Façon de Gagner)

C'est l'étape la plus critique. C'est la police d'assurance. Vous devez promettre que si jamais ils viennent vers vous à propos de quelque chose qu'ils ont vu, la réponse sera une conversation, pas une confiscation.

Le Script :

« Si vous voyez quelque chose et que vous vous sentez effrayé, confus, dégoûté ou que vous pensez avoir fait quelque chose de mal, vous devez venir me voir. Immédiatement. Votre sécurité et votre santé émotionnelle sont ma seule préoccupation. Il n'y aura pas de cris. Il n'y aura pas de retrait de dispositif. Il n'y aura pas de panique. Nous en discuterons simplement.

Votre travail est de me dire la vérité, même si c'est inconfortable. Mon travail est de vous protéger, pas de vous punir pour être un être humain normal et curieux à une époque d'accès facile à Internet. Si vous gardez cela secret, vous laissez la honte grandir. Si vous me le dites, nous tuons la honte instantanément.

Je suis votre refuge pour les vérités difficiles. Utilisez-le. »

En supprimant préventivement la menace de la colère parentale, vous garantissez que lorsque finalement ils auront besoin de conseils, ils choisiront votre sagesse plutôt que le secret numérique. Cette approche proactive et sans honte est le seul bouclier à toute épreuve contre le pouvoir destructeur du contenu pour adultes en ligne.

COMMENT ÉCRASER LA PEUR DE MANQUER QUELQUE CHOSE (FOMO) ET ENSEIGNER À VOTRE ADOLESCENT QUE LA VIE RÉELLE SE PASSE HORS LIGNE

La FOMO est le moteur psychologique le plus efficace que le monde numérique ait jamais créé. La peur de manquer quelque chose ne concerne pas seulement le fait de rater une fête ; c'est l'anxiété profonde et persistante que s'ils ne sont pas constamment connectés, ils deviendront socialement insignifiants.

Cette peur est puissante car elle est renforcée par une visibilité constante. Ils voient les moments forts curés de leurs pairs, et leur cerveau traduit cela en un message central : Vous n'êtes pas assez. Votre vie est ennuyeuse.

Nous devons enseigner à nos adolescents la distinction fondamentale entre l'expérience et l'écho.

Le post sur Instagram est un écho. Le message texte rapportant un super moment est un écho. Le vrai moment - le rire, l'échange de regards, l'odeur du feu de camp, la blague partagée - c'est l'expérience.

La vie numérique est un rapport plat et secondaire. La vraie vie est tridimensionnelle, sensorielle et désordonnée. Et c'est dans ce désordre que résident l'authenticité et la connexion profonde.

Comment écraser le pouvoir de la FOMO ? Vous ne l'écrasez pas par des restrictions. Vous l'écrasez en rendant la vie réelle si précieuse et riche qu'ils choisissent activement celle-ci plutôt que l'écho.

Cultiver une vie hors ligne de grande valeur est la défense ultime contre l'addiction numérique.

Encouragez-les à investir dans des choses qui sont intrinsèquement hors ligne : le sport, la musique, le service communautaire, les loisirs pratiques, ou simplement des conversations profondes, non numérisées, avec la famille et les amis. Quand un adolescent possède une compétence physique et tangible - comme apprendre la guitare, maîtriser un tour de skate, ou organiser une randonnée - leur valeur intrinsèque augmente considérablement. Ils construisent une estime de soi que aucun décompte de "likes" ne peut éroder.

Quand ils ressentent l'envie de vérifier leur téléphone pour la centième fois, faites-leur faire une pause et demander :

« Quelle expérience suis-je en train de manquer en vérifiant ce que j'ai raté il y a cinq minutes ? »

Lorsqu'ils sont présents à table, ils acquièrent des compétences en communication. Lorsqu'ils lisent un livre physique, ils développent leur concentration. Lorsqu'ils sont dans la nature, ils acquièrent de la perspective. Ce sont des gains de vie en temps réel et irréversibles.

Enseignez-leur que l'écho numérique est toujours secondaire. La fête à laquelle ils assistent est réelle. La discussion de groupe sur la fête ne l'est pas.

Nous voulons que nos enfants réalisent qu'ils sont le personnage principal de leur propre histoire. Ils doivent cesser de vivre la vie comme un membre passif d'un public, regardant les moments forts des autres. Au moment où ils privilégient d'être un participant actif, le besoin de surveiller en permanence le flux numérique disparaît. Ils seront trop occupés à vivre une vie qui vaut la peine d'être manquée.

CHAPTER NINE

LA RÈGLE FINALE (RÈGLE 20) - LA DÉCLARATION DE MISSION ULTIME : POURQUOI LA TECHNOLOGIE DOIT SERVIR LA VIE, PAS L'INVERSE

Nous avons établi dix-neuf règles strictes. Nous avons construit des clôtures autour du sommeil, installé des garde-fous sur les réseaux sociaux, et exigé que les devoirs et les tâches domestiques passent en premier. Nous avons réalisé le travail difficile et nécessaire d'établir l'autorité et la cohérence.

Mais la structure seule n'est pas suffisante.

Les règles 1 à 19 sont le comment. Ce dernier chapitre vous donne le pourquoi. C'est la déclaration de mission ultime qui rend chaque limite que vous établissez significative.

Si vous oubliez chaque règle technique de ce manuel - le budget, la règle des 24 heures, les dîners sans technologie - vous devez vous souvenir de ce principe philosophique. C'est l'étoile du Nord pour chaque décision que vous prenez au sujet de la vie numérique de votre enfant. Cela détermine si votre enfant devient un pilote indépendant ou un passager passif.

Le but ultime de chaque limite n'est pas de limiter la technologie. Il s'agit d'élargir la vie.

Nous ne luttons pas contre les écrans. Nous nous battons pour le monde beau, désordonné, physique et sensoriel qui existe au-delà de la vitre. Nous nous battons pour les genoux écorchés, l'odeur de la pluie, la conversation imprévue avec un étranger, et l'angoisse pure de l'ennui qui pousse à la créativité.

Si la technologie devient le système nerveux central de votre maison, vous avez perdu la guerre. Si elle n'est qu'un outil périphérique - une calculatrice, une bibliothèque de recherche, un moyen de se connecter de temps en temps - alors vous avez gagné.

Votre mission maintenant n'est pas simplement d'appliquer la Règle 20. C'est de l'incarner. C'est de croire, profondément dans vos os, que les parties les plus vitales, les plus viscérales et les plus précieuses de l'existence ne sont pas numériques.

Cette règle finale est votre rappel que vous êtes le guide vers le monde réel, et que l'écran n'est qu'une fenêtre. La dernière étape consiste à leur apprendre à ouvrir cette fenêtre et à sortir.

RÈGLE 20 : LA VÉRITÉ VISCÉRALE : LES CHOSES LES PLUS INTÉRESSANTES AU MONDE SE PASSENT HORS ÉCRAN (UN MESSAGE À FORT IMPACT ÉMOTIONNEL)

CECI EST LA RÈGLE FINALE. C'EST LA FRONTIÈRE ULTIME. C'EST LE fondement philosophique qui justifie chaque conversation difficile, chaque limite de temps et chaque moment de résistance que vous avez affronté.

La technologie est un magnifique et puissant serviteur. Mais c'est un maître terrible et consommateur.

Nous établissons ces règles non pas parce que nous craignons l'appareil, mais parce que nous craignons ce qui se passe lorsque l'appareil devient le principal traducteur du monde. L'écran leur ment. Il promet la connexion, mais offre de la distraction. Il promet de l'excitation, mais n'offre qu'un écho fabriqué et curaté de la vie.

Les choses les plus intéressantes au monde — les moments qui façonnent une âme, qui construisent le caractère, qui définissent la joie — sont précisément les moments qui ne peuvent pas être capturés, filtrés ou publiés. Ils se produisent lorsque le Wi-Fi est faible. Ils se produisent lorsque la caméra est rangée.

Nous parlons des vérités viscérales :

Le parfum soudain, chaotique et accablant de l'herbe fraîchement coupée un matin d'été. La teinte violette précise qui se pose sur les montagnes juste avant le coucher de soleil. La douleur brûlante de l'échec qui, lorsqu'elle est gérée, se transforme en résilience profonde. La fatigue physique intense après avoir couru jusqu'à ce que leurs poumons brûlent. Le tremblement de l'anxiété avant leur premier discours, remplacé ensuite par le rush de fierté quand ils terminent. L'awkwardness confuse et essentielle d'un premier rendez-vous. La réalisation soudaine et frappante qu'un ami a besoin d'aide.

Ces moments sont complexes. Ils sont désordonnés. Ce sont des expériences haute définition, 4D qui nécessitent leur corps entier et leur attention. L'écran, par nécessité, les aplatit. Il réduit la profondeur, enlève l'odeur et simplifie l'émotion en un émoji.

Si nous permettons à l'espace numérique de devenir le réglage par défaut, nous disons effectivement à nos enfants que le plus grand spectacle sur terre se déroule ailleurs, à travers une vitre. Nous leur enseignons à être des spectateurs de leur propre vie.

Vous devez vous battre pour leur prise de conscience. Vous devez vous battre pour leur ennui, qui alimente leur créativité. Vous devez vous battre pour leur capacité à rester en silence, ce qui construit leur force intérieure. Vous devez vous battre pour leur capacité à vous regarder dans les yeux, à vraiment vous voir et à répondre de la même manière.

Votre mission, l'aboutissement grand de tout ce manuel, est de leur rappeler — par votre exemple et par votre insistance — que le film en haute définition, celui qui compte, celui qui rend la vie digne d'être vécue, se déroule en ce moment même. C'est juste dehors de la fenêtre. C'est à travers la table du dîner. C'est sur le chemin boueux derrière la maison.

Apprenez-leur cette vérité finale et essentielle : L'appareil sert la vie. La vie ne sert pas l'appareil.

Allez vivre hors écran. C'est là que réside la véritable magie, la beauté non scénarisée et la croissance monumentale. C'est la définition d'une vie bien menée. Et c'est l'avenir féroce et magnifique pour lequel vous vous battez.

LA FEUILLE DE RÉFÉRENCE RAPIDE DES 20 RÈGLES : SOULIGNEZ CELA, AFFICHEZ-LE SUR LE FRIGO, ET REGARDEZ LE CHAOS DISPARAÎTRE

Règle 1 : Propriété Parentale. Tous les appareils, peu importe qui les a payés, appartiennent aux parents. L'accès est un privilège, pas un droit.

Règle 2 : Éducation d'abord. La technologie doit servir d'abord un but éducatif ou créatif. Si cela ne leur enseigne rien, cela doit être minimisé.

Règle 3 : Posez Votre Propre Téléphone. L'habitude de 7 secondes consiste à maîtriser votre propre utilisation de la technologie. Votre comportement est la règle la plus importante.

Règle 4 : Les 30 Minutes Obligatoires. La table du dîner familiale est une micro-culture obligatoire de 30 minutes, libre de tous écrans, chaque jour.

Règle 5 : Acceptez l'Ennuie. Ne vous précipitez jamais pour remplir un temps vide avec un écran. L'ennui est le moteur de la créativité et de l'indépendance.

Règle 6 : Règles = Prendre Soin. Cadrez les limites non pas comme une punition ou un contrôle, mais comme des structures nécessaires qui prouvent que vous vous souciez de leur avenir.

Règle 7 : Le Commandement "Un et Fait". Donnez un seul commandement clair. Ne vous répétez pas. La répétition détruit la crédibilité.

Règle 8 : Pas de Sucettes Émotionnelles. N'utilisez jamais un écran pour apaiser de grands sentiments. Enseignez plutôt l'intelligence émotionnelle et les compétences de traitement.

Règle 9 : Routine Avant Récompense. La technologie doit toujours être le dessert, jamais le repas. Complétez les devoirs, les corvées et les soins personnels d'abord.

Règle 10 : Le Budget Technologique Quotidien. Établissez un budget clair et prédéterminé de minutes ou d'heures que l'enfant doit gérer et suivre lui-même.

Règle 11 : Le Sommeil Gagne l'Argument. Les chambres sont des zones obligatoires, non négociables, sans téléphone pendant la nuit. Cela est vital pour la santé et la sécurité.

Règle 12 : Gagner l'Amélioration. Une plus grande autonomie (comme un téléphone personnel) est obtenue par étapes, directement liée à la responsabilité démontrée.

Règle 13 : L'Internet a une Mémoire Parfaite. Enseignez la règle de l'empreinte numérique : supposez que tout ce qu'ils publient sera découvrable et permanent pour toujours.

Règle 14 : La Règle des 24 Heures. Attendez 24 heures avant de répondre à tout message numérique chargé émotionnellement ou négatif.

Règle 15 : La Règle d'Or du Texto. Supposez que le ton est perdu dans la communication numérique. Agissez toujours avec le plus haut niveau de gentillesse et de clarté.

Règle 16 : L'Algorithme de la Santé Mentale. Curez activement les fils de médias sociaux. Si un profil les fait se sentir moins que, ils doivent immédiatement se désabonner.

Règle 17 : Arrêtez d'être leur Assistant Numérique. Autorisez les frustrations technologiques mineures. Ils doivent résoudre leurs propres problèmes techniques et logistiques.

Règle 18 : La Réinitialisation Hebdomadaire Obligatoire. Planifiez des jours non négociables sans technologie récréative (par exemple, un jour par semaine).

Règle 19 : La Confiance Remplace la Surveillance. À mesure qu'ils entrent dans l'adolescence, passez des outils de surveillance intrusifs à la confiance, bâtie sur la fondation des 18 règles précédentes.

Règle 20 : La Vérité Viscérale. La technologie sert la vie ; la vie ne sert pas la technologie. Les choses les plus intéressantes, mémorables et définissantes du monde se passent hors écran.

LE "PREMIER PAS COHÉRENT" : OÙ DEVRIEZ-VOUS COMMENCER VOTRE TRAVAIL DE LIMITES AUJOURD'HUI POUR MAXIMISER LES RÉSULTATS IMMÉDIATS ?

Vous avez en main 20 règles puissantes en ce moment. Vous pourriez ressentir l'envie immédiate de toutes les mettre en œuvre ce soir. Arrêtez. Ce niveau de changement garantit frustration et échec dans les 72 heures. Nous ne poursuivons pas un départ parfait. Nous poursuivons un premier pas cohérent.

La plus grande erreur que les parents commettent est d'essayer d'imposer dix limites en même temps. Les enfants sont confus. Les parents sont épuisés. Le chaos revient.

Votre tâche en ce moment est de choisir une règle. Engagez-vous pendant sept jours. Ne déviez pas. Cette cohérence est le moteur autoritaire qui alimente les autres changements.

Où devriez-vous commencer ?

Commencez là où le frottement est le plus faible et la récompense visible est la plus élevée. Commencez là où vous pouvez immédiatement réinjecter la connexion dans la relation.

Le meilleur point de départ est la Règle 4 : La Micro-Culture Obligatoire de 30 Minutes.

La Règle de la Table de Dîner.

Pourquoi cette règle ? Parce qu'elle nécessite une action physique (mettre les téléphones de côté) pendant une fenêtre finie et prévisible (l'heure du dîner). C'est une limite à toute épreuve qui s'applique de manière égale à chaque personne à la table. Elle impose la connexion et le contact visuel.

Votre premier pas n'est pas de surveiller leur temps d'écran. C'est de surveiller votre temps de connexion.

Voici le plan exact pour votre premier pas cohérent :

1. Annoncez le Changement. Faites cela aujourd'hui. Appelez une réunion familiale rapide, ou annoncez-le au petit déjeuner. Déclarez clairement : "Nous commençons une nouvelle règle ce soir. Tous les écrans, y compris ceux de Maman et de Papa, seront placés dans le Panier de Chargement dans la buanderie 15 minutes avant le début de la préparation du dîner. Nous allons dîner et nous connecter pendant 30 minutes, sans appareil." Gardez-le bref. Ne négociez pas. C'est la loi.

2. Renforcez la Limite Physique. La séparation physique est cruciale. Ne vous contentez pas de leur demander d'éteindre l'écran. Ayez un contenant spécifique ou une station de chargement, de préférence en dehors de l'espace de vie principal. Si l'appareil n'est pas en vue, il ne peut pas être une tentation. Cela s'applique d'abord à vous. Votre téléphone doit aller dans le panier avant le leur.

3. Engagez-vous pour Sept Jours. Votre tâche pour les sept prochains dîners n'est pas d'être divertissant. Il s'agit d'être présent. Posez des questions. Écoutez attentivement. Si les enfants se plaignent, rappelez-leur simplement : "C'est notre moment en famille. Nous nous connectons." Ne

vous engagez pas dans un bras de fer sur la règle elle-même. Renforcez simplement la limite.

Une fois la Règle 4 complètement non négociable—quand les enfants entrent dans la maison et mettent automatiquement leur appareil dans le panier—vous avez construit une base d'autorité et de cohérence. Vous ressentirez la différence dans l'atmosphère de votre maison presque immédiatement.

Cette seule limite cohérente vous donnera l'énergie émotionnelle et physique nécessaire pour passer à la règle suivante (probablement la Règle 11, la Règle de la Chambre Sans Téléphone).

Oubliez l'implémentation parfaite. Cherchez une application quotidienne cohérente de ce premier pas. C'est là que votre autorité renaît.

LA DERNIÈRE INSTRUCTION : COMMENT LIBÉRER INSTANTANÉMENT LA CULPABILITÉ D'HIER ET ENTRER DANS VOTRE PLEINE AUTORITÉ MAINTENANT

Le poids le plus lourd que vous portez en ce moment n'est pas la difficulté des règles. C'est le poids de la culpabilité d'hier.

Vous vous sentez coupable d'être incohérent. Vous vous sentez coupable des compromis que vous avez faits quand vous étiez fatigué. Vous vous sentez coupable de ne pas avoir connu toutes ces limites plus tôt.

Arrêtez.

Nous traçons une ligne dans le sable ici, maintenant.

Cette culpabilité est un fardeau. Elle érode votre capacité à être ferme. Elle vous fait sentir comme un imposteur lorsque vous essayez de faire respecter une limite. Elle consomme l'énergie mentale dont vous avez besoin pour la connexion et la cohérence.

Vous avez fait des erreurs hier. C'est un fait. Vous avez fait de votre mieux avec les outils que vous aviez. C'est aussi un fait.

Vous êtes équipé maintenant. Vous avez les 20 Règles. Vous connaissez les étapes exactes. Vous êtes préparé aux coups de colère et aux négociations. Vous avez le langage pour transformer le contrôle en bienveillance.

La seule action la plus puissante que vous puissiez entreprendre maintenant est de libérer la culpabilité. Ne portez pas ce bagage dans ce nouveau jour. Cela ne vous sert pas. Cela ne sert certainement pas votre enfant.

Votre autorité ne repose pas sur votre perfection. Votre autorité repose sur votre position. Vous êtes le parent. Vous êtes le propriétaire numérique. C'est un rôle non négociable.

À partir d'aujourd'hui, chaque interaction est un nouveau jeu. Si vous échouez à la Règle 3 cet après-midi, vous recommencez simplement la Règle 3 au dîner. Il n'y a pas de pénalité pour un moment imparfait. La seule pénalité est l'incohérence prolongée.

Respirez. Vous faites assez. Vous apprenez. Vous guidez.

Laissez aller la culpabilité maintenant. Entrez dans la certitude calme et puissante de votre rôle. Vous êtes l'autorité. Les enfants ont besoin de cette autorité. Donnez-la leur.

ÉPILOGUE

VICTOIRE DÉCLARÉE ! VOUS ÊTES MAINTENANT ÉQUIPÉ POUR METTRE FIN À LA GUERRE DES TEMPS D'ÉCRAN POUR TOUJOURS ET ÉLEVER DE VRAIS ADULTES INDÉPENDANTS

Le voyage est complet. Vous avez atteint la dernière page du carnet de jeu.

Inspirez profondément et reconnaissez le travail que vous venez de faire. Quelle sensation d'avoir 20 règles claires et simples entre vos mains ? Le chaos avec lequel vous êtes entré a été remplacé par un cadre fiable. Les disputes sont désormais optionnelles ; l'autorité est la vôtre.

Vous êtes équipé. Les guerres des temps d'écran ne doivent pas continuer.

Souvenez-vous de notre mission ultime : l'autonomie. Nous essayons non pas simplement de limiter les minutes devant un appareil. Nous élevons des adultes capables et indépendants qui peuvent naviguer dans un monde numérique complexe sans avoir besoin de notre supervision constante. Nous avons formé le pilote, pas le passager.

Vous savez maintenant que la technologie est un outil, pas un mode de vie. Vous comprenez que les limites sont des actes de bienveillance. Vous comprenez que la cohérence est la base sur laquelle la confiance se construit.

Veuillez relâcher la pression d'être parfait. Vos enfants continueront à contester les règles. Vous devrez toujours faire appliquer des conséquences. Vous trébucherez parfois. Ne visez pas la perfection. Visez la connexion.

Chaque fois que vous faites respecter une limite avec une cohérence calme, vous renforcez votre lien et sécurisez leur avenir.

Allez sous-ligner votre règle préférée encore une fois. Affichez la feuille de référence sur le réfrigérateur. Et peut-être, cherchez ce parent—celui qui a l'air submergé et stressé dans le rayon des courses—et partagez cette victoire silencieuse avec lui.

Vous avez fait le travail difficile de rétablir l'ordre dans votre maison.

Maintenant, je vous demande une dernière limite : Posez ce livre. Soulevez les yeux de la page. Votre beau, indépendant enfant vous attend.

Merci de me faire confiance avec le parcours de votre famille. Allez profiter du calme.

www.ingramcontent.com/pod-product-compliance
Lightning Source LLC
LaVergne TN
LVHW022105071026
849580LV00014B/1981
* 9 7 9 8 2 9 5 6 3 6 1 0 3 *